金钱与权力

西方商业的历史

[美] 霍华德·敏斯（Howard Means）◎著

曲 东◎译

M O N E Y

A N D

P O W E R

The History of
Business

ZHEJIANG UNIVERSITY PRESS
浙江大学出版社

献给

George Watts Carr, Fr.

目 录

前　言

戴维·格鲁宾

当 CNBC 的高级副总裁布鲁诺·科恩问我是否会考虑制作一部关于商业历史的纪录片时，我在想这是否可能。我问他这样一个宽泛的故事该从何讲起，又到哪结束。布鲁诺回答说他们希望我来指出该怎样做，同时他和他的老板比尔·博尔斯特——他是 CNBC 在财经新闻传媒领域取得惊人成就的重要人物——确信这一任务能够完成，并希望我能够做这个尝试。两年后，由艾德·格雷和尼克·戴维斯制作，阿曼达·波拉克、安妮·王和阿列克斯·迪昂协助完成的时长两个小时的纪录片《金钱与权力》向我证明了他们两人是对的。

这部由霍华德·敏斯撰写的精彩著作与我们的影片探索同样的主题，但比影片更加广泛和详尽，增加了我们没有时间或未纳入的新内容。我一直认为电视纪录片会使得你愿意坐下来读书，我们节目的这部姊妹读物会带给你这样的快乐。

在开始制作一部影片前我通常都是没有构思的，这一次也不例外，但有一件事我很确定：我不希望《金钱与权力》变成一篇说明文。比如说，我本可以这样开始影片：镜头扫过在遍洒晨曦的山坡上吃草的一群斑纹母牛，旁白解释道，牛是最古老的财富形式之一，而资本一词源自拉丁语的"一群牛"，即 *caput*。

但正如凯西让球滑过本垒时所说:"这不合我的胃口。"①我是一个讲故事的人,我不想做时髦和分析式的经济史,我想让这部电影做到最好:讲故事,不是关于历史,而是关于人,关于那些创造历史的人。

但是什么样的思路可以将这些不同的故事整合到一起并且让它们同我们所处的时代与环境相关呢? 当我思考我们每天如何开始一天的生活、我们所享受的舒适和奢华时,我找到了我一直在寻找的与过去的联系。今天大部分西方人所知道的都远超出过去最富有的国王最疯狂的梦想。今天的我们吃得更好、活得更久,能够游历得更远、更快。我们把每天的愉悦视作理所应当,却很少停下来去思考这一切并非历来如此。回顾历史的长河,我们西方人是享受特权的少数。通过大工业生产、银行以及庞大的通信和交通网络的发展,西方成为有史以来最富有生产力的经济引擎的中心。

这一切究竟是如何发生的? 这是一个引人关注的问题。为了尝试给出答案,我决定讲述一些以拥有庞大权力著称的人的故事。那些如洛克菲勒家族、摩根家族、美第奇和罗斯柴尔德家族等巨头们的生涯是关于私人和公共财富创造的实例。我要讲的故事开始于千年前,那时西方世界是经济的蛮荒之地,几乎所有人都靠种植为生。银行尚未被发明,商人为数不多,工厂几乎闻所未闻。那时掌控社会、宗教和政治的天主教会更热衷于陈旧的计数系统而不是鼓励商业,这种计数系统使得计算利润和损失变得更加困难。商品的价格通常由顾客决定,贸易基本集中于小村镇和庄园,以实物贸易和交换为主。在 1000 年的时候,生活在西方世界的人几乎比地球上其他地方的人都贫穷。那时中国人和阿拉伯人更富有,拥有更先进的技术,没人能够想到有朝一日西方会在财富和权

---

① 出自美国著名棒球诗《凯西站上击打区》。——译者注

力的积累方面超过其他所有的文明。

科学家、政治家、艺术家以及学者都在这千年巨变中发挥了作用，但是包括银行家、实业家、商人和企业家在内的商业人才是这令人瞠目的巨变背后的有力推动者。在讲述他们故事的过程中，我可以解答一个基本的悖论：那些时而无情时而仁慈、永远一心想着聚敛个人财富的商业大亨们，却帮助创造了现在这个世界。

我们决定通过一种颠覆的方式来开始我们的电影，即通过使观众置身一个具有完全不同理念和价值观的世界来动摇他们原有的信念。一千年以前，我们所知的商业并不存在，人们的生活以教会为中心，而教会并不鼓励变革。对金钱的爱乃万恶之源，这一观念被用来警告人们精神生活要远比发财重要，同时，将农奴束缚在土地上为领主服务的封建制度使得人人能够受益的新的财富创造变得困难。尽管经济机会有限，但是贵族甚至教会成员对于那些充满异国情调的商品，如珠宝、挂毯和香料，还是有不断增长的需求。与此同时，有一小群顽强的商人已经决心为了充实自己的钱包而寻找一条更加雄心勃勃的道路。

芬夏尔的戈德里克就是这样一个人。挣脱了那些将他束缚在土地上的绳索，他在海上贸易中积累了巨额财富然后又散尽千金，退隐在英格兰北部一片荒僻的深林中，将余生奉献给上帝。他因为圣洁而闻名，并最终被教会加封为圣徒。

戈德里克是我们影片中刻画的第一个商人。有趣的是在他的那个时代，他被丑化为一个拥有无情野心的人，然后才成为我们今天所说的慈善家。不管他是为了减轻罪孽、改善形象，或者还仅仅是为了帮助那些比他穷苦的人，现在都已经很难判断，因为史料很少，而且他生活的年代很容易将历史和传说混为一谈。但是他的故事与美第奇们、洛克菲勒们以及比尔·盖茨之间的相似性不容忽视，尽管这些后世的大亨不可能被加封。

以戈德里克的故事为开始，我们将跨越一千年，讲述商人科西莫·德·美第奇如何成为他那个时代最伟大的银行家，像教皇一般富有权势；西班牙腓力二世如何挥霍黄金，这些黄金曾经使西班牙成为世界上最富有的国家；实业家马修·博尔顿如何为发明家詹姆斯·瓦特提供金融和营销上的支持，使得蒸汽机成为工业革命的幕后推手。我们还将讲述为数众多的美国商人和他们的创造：J. P. 摩根和他的银行帝国，约翰·D. 洛克菲勒和标准石油公司，亨利·福特和 T 型车，亨利·鲁斯和《时代》杂志，罗伯特·伍德鲁夫和可口可乐，哈里·华纳、杰克·华纳和华纳兄弟公司，比尔·盖茨和微软公司。

沿着这条路，我们将见证银行和证券交易所的诞生，工业革命的兴起和美国铁路的建设，汽车的发明，广告、电影、计算机和互联网的诞生。我们将从一个经济局限于本地、货币不为人知的时代，穿越到我们的时代，在这个时代，电子货币在 24 小时无休的全球经济中瞬时在不同国家之间转移。

我很高兴霍华德·敏斯将这一故事搬下银幕并写在纸上使得读者能够随心畅想。电视在生动地讲述历史方面无人能及，但是文字却能让你沉思其中。

当我在思考本书中的那些大人物时，我想到了《公民凯恩》这部电影，这个富有的商人对一个穷困的年轻记者说："赚大钱不难，如果你想做的就是赚大钱的话。"我一直不确定这个商人是在谴责自己还是在戏弄这个穷记者，因为毕竟赚大钱还是不容易的，但不管怎么说，有时难就难在决定你想要什么，这也是我喜欢思考的问题。

导　言

一

在漫长的历史长河中,商业是和人类一样古老而又全新的事物。腓尼基人是出名的海上商人,到公元前 1500 年,中国人已经建立了从丝绸、绿松石到玳瑁壳的所有奢侈品的精细市场。作为银行家的前身,货币兑换者出现在《圣经》中,在不同的文明之间从事着乏味但却必需的稳定币值的工作。

希腊人、埃及人和阿比西尼亚人①都从事商业,这是必然和无法回避的事情。我们人类似乎天生就会做生意——通过交换风险和回报来获得收益。如果我们能穿越回这个星球的史前时期,我们就会发现穴居者储藏结实的木棒,当有机会时用来交换猛犸象或是剑齿虎的皮毛。

带有大写字母 B 的商业(Business)一词——商业不仅指的是供给还指一套社会和经济组织体系——在最近的 10 个世纪才出现,并且通常其历史更加接近于近现代。

直到从君主专制和政教合一这些束缚和控制命运的体制下挣脱出来之后,人们才有更多的机会去追求利润和刺激。为什么要费力去追求那些你没可能

[3]

①　阿比西尼亚(Abyssinia):埃塞俄比亚的旧称。——译者注

拥有的事物呢？早期的商人同样面临着这样的问题，在他们付出时间、劳动和金钱后获得成功回报的欲望与宗教对于过多收获的禁忌之间进行协调：他们要当心他们的灵魂，这是一条底线。

劳动力市场和消费市场必须被创造出来，生产方式必须被改进，投资机制必须建立并完善。交通运输体系必须能够把商品和服务运送到回报最高的地方。人们必须拓宽视野——我想要那些看不到也无法自己获得的东西——同时还要掌控全局：奢侈品市场远在天边，事实上正是这些市场如此遥远才使得其提供的商品值得去交易。简而言之，人类世界的变革必然要发生在商业能够生根发芽并不断成长之前。

二

西欧发生的剧烈变化反映了与之并行的政治变革。部分感谢希腊人和罗马人，部分感谢在第一个千年的大部分时间里蹂躏欧洲的征服部族的独立精神，民主政府、自治似乎最早在那些居住在欧亚大陆最西端的居民心中扎根。

兰尼米德和英国大宪章①在政治史上意义重大，在商业史上也同样如此。

[4] 人民获得自由是行动自由的前提：他们必须同时获得政治上自治和经济上自主的权利。能够自由地追求政治权益不可避免地意味着经济上的自由，二者相互促进，并导致了商业的繁荣。

第二个千年后半期两个伟大而又并行的变革最终使得商业发展走向巅峰。

---

① 1215 年在兰尼米德签署，在历史上第一次限制了封建君主的权力，日后成为英国君主立宪制的法律基石。——译者注

工业革命创造了大工业生产方式,而美国革命成为世界历史上第一个民主资本主义的实验。这二者之间的叠合有点不可思议:詹姆斯·瓦特于 1776 年 3 月 8 日在英格兰的伯明翰公开展示了他改进后的蒸汽机,就在此后不到四个月的时间,美国的开国元勋在费城签署了脱离英国的《独立宣言》,政治和商业再一次为了共同的利益携手前进。很快二者都会发现它们与消费者革命相结合:随着更高的生产能力的产生,消费者获得了更多的购买能力,而购买能力的提升促进了更多对产品的需求。

在 19 世纪结束前,资本已经开始在大西洋两岸进行流动,美国首次成为商业中心,然后又成为世界政治中心。20 世纪才过半,亨利·鲁斯就已经称其为——相当精确的——"美国世纪"。很快,另外一场变革就会发生,不论称其为信息革命、高新技术革命还是互联网革命,它都牵引着、左右着商业的发展,并将其精神传播到全球。

今天,商业从各个方面驱动着整个世界。一个由公司、股票市场、银行和工厂组成的全球网络生产出前所未有的财富。贫穷没有被打败,战争、疾病和饥荒带来的痛苦四散传播,环境受到威胁,有时是被商业的贪婪所威胁。但是今 [5] 天,获得全球财富的机会和参与到生产这些财富的机制中的能力即使在半个世纪以前也是难以想象的。

在新千年的开始,人们比历史上任何时期都有更大的自由去做想做的事情,比过去的人们有更多的手段、能力和机会。而这一切不少与上一个千年掌权的商业领袖有关。

三

如何讲述这一传奇呢？在这本书里,我们沿着金钱的轨迹追溯到那些在刚刚过去的千年里统治着商业的标志性和代表性人物,以及那些具有标志性和非常激动人心的事件。

经济权力常常先于并有助于创造政治权力,但商业本身也是政治走向的一个滞后指标,我们这个时代也是如此。在过去一个世纪中代表着西方政治的包容性(包括对妇女、少数族裔等的包容),对统治着商业和产业的显要阶层的冲击已经变得缓慢。商业发展的历史中充斥着各色人等,但直到近期商业历史中才出现各色人种。基本上,商业的历史就是西方白人的故事。

我们以这样一个大多数读者根本不熟悉的人来开始我们的故事:英国人戈德里克,即后来的圣戈德里克。为什么选择这样一个名不见经传的人物呢？也许最重要原因在于,戈德里克大概是在一千年前挣脱出身的束缚,开始自由追求商业机会和财富的那一小群人中的代表人物。说他们开创了千年的商业史也许并不准确,但是说他们具有启示作用并不为过。正是在他们身上,不论是精神上还是肉体上,指向经济自由的要素得以融合。

在横跨英吉利海峡和沿着新的利润丰厚的波罗的海、北大西洋航线的海上贸易中,戈德里克积累了大部分的财富。地中海的贸易商已经在某些方面使得海上贸易变得容易:更多的市场和停靠港被建立起来,地中海东部和南部的海岸成为非洲和伊斯兰世界奢侈品进入欧洲的通道,此外,马可·波罗使得远东的帝国受到西方人的关注。

即使是最富有的贸易商也遭受着资本市场不发达的困扰。从货船离开港

[6]

口到满载而归要经过一段漫长的时间——假设货船没被风暴吞没、没被海盗洗劫、没有违反更加烦人的无数官僚机构的繁文缛节,为这样的冒险活动提供资金支持以度过这漫长时间,呼唤着现代银行体系的建立。事实最终证明,历史选择了意大利。

也许是由于深入参与地中海贸易推动了意大利人在这面取得突破,或者也许只是由于意大利人的天赋。不管怎么说,意大利人似乎最早理解了银行炼金术的奥秘。在 15 世纪中叶之前,意大利人就是欧洲的银行家,佛罗伦萨城邦处于意大利银行业的中心,而在不论是佛罗伦萨还是银行业的中心都矗立着那个成就了欧洲大陆历史上最荣耀家族的人:科西莫·德·美第奇。 [7]

科西莫并非出身于王室,却拥有君主一样大的权力。作为梵蒂冈的金主,他能够在追求利润和内心平静之间取得一致,而这种行为给佛罗伦萨和文艺复兴带来这个千年里一些流传后世的宗教艺术品和建筑。金钱成为最好的平衡器:通过将金钱运用于公共产品,即使高利贷者也能在天堂获得一席之地。

在科西莫·德·美第奇死后不到 30 年,另一位意大利人克里斯托弗·哥伦布在西班牙王室的支持下开始向新世界扬帆远航,这一商业冒险行为带来了巨大的回报。一个半世纪以后,腓力二世统治下的西班牙成为有史以来最富有的君主政权。

从本质上来讲,腓力二世是个商人,人们会质疑他是否知道如何使用那些从他的南美洲殖民地源源不断涌入的金银。那时在国内外都有基础设施需要建设,市场也是如此。但事实上西班牙没有制造能力:金银流向欧洲其他国家来满足欲望而不是满足殖民地的需求。西班牙的金银还用来购置军火,在腓力二世的统治期内发动了一系列越来越无意义的战争。

尽管财富源源不断地涌向西班牙,但在腓力二世的统治下,财富本身没有带来更多的财富。在腓力二世登上王位时，西班牙的富有令人难以置信，但在他去世时却几乎破产。此时不只是金钱成为伟大的平衡者，管理国家财富的能力也成为区分那些吃苦耐劳的国家和一时烈火烹油却转瞬灰飞烟灭的国家最好的分界线。

四

在国家财富的动态变化中，没有比腓力二世统治下的西班牙和那个在腓力二世死后推翻了西班牙统治、并迅速发展成欧洲经济权力中心的小小航海国之间的对比更好的例子了。

在西班牙，经济权力集中于王室，但在尼德兰①，金钱和权力分散掌握在民众中间。伟大的荷兰商业公司——东印度贸易公司和西印度贸易公司——由公众出资认购而建立，并将其收益返还给投资者。正如意大利人发现了银行的乘数效应，荷兰人发现了股票市场的乘数效应。在欧洲历史上，国家的经济决策第一次由商人，而不是由王室、一小群统治者或是教会来决定。通过某种意义上非常原始的形式，公众可以接触几乎所有我们今天用于承担风险以获取回报的机制，并且同现代投资者一样滥用这些机制。

贪婪的力量驱使市场走向非理性的方向在今天已经尽人皆知，但在17世纪初期的尼德兰，当贪欲最终驻足在郁金香上时，投资泡沫以不同寻常的方式膨胀。单单在1637年1月，一些最昂贵的郁金香球茎的价格就上涨了3000％。接下来在2月的前两周内，泡沫崩溃了，价格以比上涨更快的速度急

---

① 相当于今天的荷兰、比利时、卢森堡和法国东北部的一部分。——译者注

转直下。在整个尼德兰，那些晚上睡觉前还拥有不菲账面资产的人，一觉醒来　　[9]
却呆若木鸡。金钱不只是平衡器和分辨器，股票市场还使得金钱成为撩人的女
郎，一个勾引所有人陷入梦魇的塞壬①。

　　荷兰给予公众权力，公众也最终从痛苦中学到教训，在一个市场驱动型的
社会里，商品的价格是由投资者在任何给定时刻愿意支付的价格所决定。工业
革命给世界带来巨变，但不管是其结果还是对现代历史产生的影响，工业革命
的开始其实源自完全不同的一对伙伴偶然的结合。

　　实际上，詹姆斯·瓦特就是他自己的研发队伍：一个天才的理论家，一个不
停鼓捣小发明的人以及一个杰出的分析家。而马修·博尔顿几乎是商业精神
的化身：一个对数字拥有敏锐本能的天生的商人，一个不停为其在英格兰伯明
翰的索霍区制造厂寻找新产品和市场的人。如果两个人没有结成伙伴，那他们
两人都不能获得传世声望。而瓦特发明天分的驱使和博尔顿商业头脑的指引，
这二者的结合创造了世界经济中最重要的发明。

　　在瓦特和博尔顿之前蒸汽机就已经存在了，但那仅仅是个只能上下运动的
奇妙装置。瓦特找出如何压缩机器并将往复运动转化为循环运动的方法，而博
尔顿知道如何和在哪里卖出这些机器来使东西运转。二者之间的不同成就了
不朽的传奇。

　　伙伴关系同样成就了横贯美国大陆的铁路②，这一次是美国政府和私人利
益之间的结合。这条铁路带来了巨大变化，其核心是被瓦特的蒸汽机所释放出
来且被其他人所运用的循环运动的力量。工业革命大显身手。　　　　　　　　[10]

---

①　希腊神话中半鸟半女人的怪物，其歌声会引诱航海者触礁毁灭。——译者注
②　由联合太平洋铁路公司和中央太平洋铁路公司共同承建。——译者注

在 1869 年 5 月 10 日最后一根铁轨道钉被钉入犹他州突顶山之前，美国在人口和自然资源方面还是一个分而治之的国家，南北战争解决了分裂国家的政治分歧，或者至少可以说以惨重的代价分出了胜负。但是在时间和距离上更为宏大的分歧则留给了横跨大陆的铁路来解决。

将铁路修筑到突顶山这一事件涉及了几个在美国历史中悄然走过的最大胆的人物：铁路大亨托马斯·杜兰特、科利斯·亨廷顿和利兰·斯坦福。授予铁路铺设权的国会收受贿赂，腐败到极致。但最终铁路完成铺设，新的产业和市场随着铁路的修建而迸发出来，美利坚合众国也因此成为世界上最强盛的国家。道德也许荡然无存，在杜兰特那里道德从来不是一个问题，但作为一个商业案例，横跨大陆的铁路是一个完美的典型。

五

铁路修筑完成后有两个问题一直困扰着美国商业的发展。一个是缺少持续进入欧洲资本市场的途径：机会在大西洋的西岸而金钱却待在东岸。第二个问题使得第一个问题更加复杂：铁路的迅速发展放纵了不道德的经济竞争，而这又进一步加剧了资本的需求。J. P. 摩根将尝试解决上述问题。

摩根最初跟随着经营家族银行伦敦办公室的父亲工作，随后成为将资金借贷给美洲的担保人。像科西莫·德·美第奇一样，摩根知道一切取决于他的承诺。为确保他的承诺精确无误，摩根在认为需要的时候坚决地与军火工业相联合。此外，他在发生恐慌和危机时也在事实上承担着美国中央银行的职责。在摩根死后的 90 年后，美联储主席艾伦·格林斯潘以隐晦的话语影响市场而闻名，但摩根仅是点头或嘀咕就能影响这个国家。

[11]

　　与美国其他新生产业一样,石油业也以摩根鄙夷的残酷竞争为特征。但与其他产业不一样的是,行业的合并者早已孕育其中。作为一个卖假药的江湖郎中的儿子,约翰·戴维森·洛克菲勒成为世界上最富有的人和强盗大亨的典型代表——在商人决定一切而政府无计可施的时代,他们因其经济权力成为工商业的上帝。洛克菲勒在其一生中捐出了相当可观的财产并开创了美国历史上最充满活力、最慷慨和最杰出的家族之一。

　　金钱和权力从来都不简单,但在洛克菲勒和第一个亿万富翁亨利·福特那里,二者以极为冲突的方式结合在一起。作为一位工业天才,福特不仅将装配线引入汽车生产中,还用装配线极大地降低了生产成本从而创造了延续至今的大众汽车消费市场。真是太棒了! 很奇怪的是,随着汽车市场的不断精细化,市场需求将不仅仅着眼于低价,但福特似乎从未遇到过这样的问题。

　　福特因为建立了五美元日薪的制度而受到全球劳工组织的赞誉,而这一制度实际上是用来监视雇员的,特别是当雇员和劳工组织有瓜葛时。没有哪个美国实业大亨如此接近总统宝座,特别是在 20 世纪 20 年代早期,那时福特当总统的消息几乎成为陈词滥调。福特还因为在书本和报纸上大谈反犹太主义而受到阿道夫·希特勒的推崇。最后,对于一个如此了解大众市场的人来说,亨利·福特事实上无视广告和形象的力量。 [12]

　　与之相对照的,是罗伯特·伍德鲁夫似乎从来没有遇到不喜欢的广告媒体。作为一个大学退学生,伍德鲁夫被其父亲领导的一个辛迪加所雇用,拯救其在一个成立近四十年的亚特兰大软饮料公司中的投资。在这一过程中,他主导了有史以来最成功的广告运动(圣诞老人穿着可口可乐那种红色的衣服是有原因的)。通过他的广告、他对细节的关注、他那锲而不舍的激情以及他的产品出现的地方——包括在二战中可口可乐出现在士兵手中,伍德鲁夫使得可口可乐成为第一个国际品牌。很多人试图追随伍德鲁夫的脚步,但是伍德鲁夫是第一个,也是迄今为止最好的一个。

六

像政治一样,商业也可以制造出奇怪的甜蜜伴侣,关键不在于坠入爱河,而是为了利益。但不管怎么看,好争吵的犹太兄弟建立起来的娱乐公司和由一个耶鲁毕业的中国传教士的儿子建立的媒体公司,它们之间的合并还是最为奇怪的事情之一。

华纳兄弟在电影界声名显赫,他们几乎是仅靠自己在20世纪30年代发明出了有声有色、写实的电影。但最后,他们对自身似乎比对荧幕上的英雄和恶棍的伤害更多,尤其是在哥哥哈里和自负的弟弟杰克之间的冲突中。与之相对应,亨利·鲁斯则用稳定的中产阶级杂志(《时代》《生活》《财富》和《体育画报》——他可真是个起名的天才)来塑造美国的形象,并告诉这个国家如何在国内和国际舞台上行事。

[13]

最后,当所有的主角逝去以后,他们的公司将会在信息时代中结合前行。我们怎么能在我们的故事中忽略华纳兄弟和亨利·鲁斯呢?

跨越新千年的关于金钱和权力的历史又怎能忽略比尔·盖茨呢?像科西莫一样,他也是一个无冕之王。一半像瓦特一半像博尔顿,他了解软件业从科学到市场的一切。像洛克菲勒、福特以及那些铺就了横跨美洲大陆铁路的恶棍一样,盖茨从没有对行事粗暴感到厌恶。并且像伍德鲁夫一样,他与生俱来的直觉使他可以从银行账户的变动中深切地感受到跨国广告和全球推广的价值。

从来没有如此多的财富掌握在一群人的手中:600亿、700亿、800亿美元——微软公司股价的小小变动都转化为数以百万美元的得失。从来没有如此密集的财富，这预示着一个全球扩张的机会，并且在这个已被定论的千年里也许有着最后对于货币和金钱的反讽：他们如此专心于某些产业，以把他们的控制力延伸到人类社会的各个角落，也许还延伸到了某些尚未出名的新晋戈德里克那里，而这些人正等待着带领新千年的商业找到方向。 ［14］

第一章
圣戈德里克：黄金和利润

一

万物皆有历史①。在互联网之前是阿帕网②。掌上电脑的历史可以回溯至笔记本电脑、台式电脑以及 30 吨重的电子数字整合器和计算机（ENIAC），而 ENIAC 可以溯源自 19 世纪英国数学家查尔斯·巴贝奇（Charles Babbage）的可编程计算机。汽车出现之前是蒸汽驱动的三轮车，火车之前是风力驱动的一种陆船。银行家的前身是货币兑换商，而这些人的前人则守护着作为财产的安全存放处的神圣寺庙。

巨大的财富同样有其历史。它们由那些具有远见的人创造，这些人在恰当的时候带着他们的产品和理念走上历史舞台。亨利·鲁斯创造了他的中产阶级杂志帝国，而此时恰逢一个巨大、高度同质的美国中产阶级逐渐成形。罗伯特·伍德鲁夫利用世界距离拉近和第二次世界大战的契机创造了第一个世界品牌：可口可乐。约翰·戴维森·洛克菲勒在石油产业面临新的能源

---

① 出自著名生理学者约翰·司各特·霍尔丹所著的《万物皆有历史》一书。——译者注
② 1969 年美国国防部出于军事目的组建了一个名叫阿帕网的局域网，是互联网的前身。——译者注

[17] 需求而勃发时控制住了炼油业。詹姆斯·瓦特和马修·博尔顿在发明蒸汽机时面临着一个世纪以前同样的情况,因为西班牙在新世界的矿业中暴富,这就需要劳动力去把金银从地下挖出来,需要运输技术把珍贵的矿藏运回到旧世界并满足市场需求。郁金香泡沫之所以在 17 世纪的尼德兰飙升到天文数字般的价值,只是因为荷兰在海上贸易中致富并且拥有证券市场来使民众为了获得回报而承担风险。

金钱和权力从神权和王权向世俗的商业帝国转移——这是上一个千年里标志性的转变——并不是刚刚发生的。经商的欲望、通过贸易获利的冲动、从商业生涯里诞生的推销术,这些几乎是人类与生俱来的古老本能。但直到大约一千年以前,一股力量才开始在西欧集结。

罗马帝国衰落之前就肆虐欧洲大陆的战争、侵略和占领消退了。直到1337 年百年战争爆发之前,欧洲相对而言还是处于和平状态。瘟疫、鼠疫也暂时隐退,直到大约 1348 年黑死病爆发,使得欧洲大陆每两个人之中就有一个死于此次瘟疫。随着政治稳定的到来,贸易开始在从地中海、北欧、莱茵河到波罗的海的地区繁荣起来,城市也繁荣发展起来,贫穷的领主开始廉价卖出部分财产,不断增长的城市人口以及贸易一起使得市场以及工厂开始集中。商人以及管理贸易质量和价格的工匠行会开始成为自治政府的有力拥护者。

[18] 对于机会和个人自由的渴求被唤醒了,同时西欧开始提供满足个人野心的手段。一颗商业经济的种子被播撒下去,一大批经济蛮荒之地的开拓者以及后来所说的民主资本主义的探险者出现了。

二

这些资本主义最早期的先锋人物之一就是非凡的戈德里克。他于 1065 年出生在英格兰东部诺福克的沃尔波尔附近，他的父母是盎格鲁—撒克逊人，他是三个孩子中最大的一个。他的父亲，艾德沃德，经营一小块农地或是自留地，在那上面他靠种植葱韭、欧芹、红葱等作物维持生计。为了拥有和耕种家庭农场，艾德沃德要为庄园的领主提供劳役，在饥荒和战争时他依赖领主的粮食和保护，而这些都是经常存在的威胁。

在通常的情况下，艾德沃德的人生应该就是戈德里克的，但作为一个年轻人，戈德里克希望有些不一样的东西，也许就是在那时，他希望有更多的东西。还是个少年时，他就离开父母和弟妹去寻找财富。有一段时间他当了货郎，靠着双脚在集镇之间游荡，在每年的交易会上贩卖一些收罗来的小物件，这些交易会是那时的商业和社交的场所。在帐篷或是小屋外的交易中，一个商人也许会售卖低价从修道院收购的头发给女士来增加她们稀薄的发量，其他人也许会卖酒或是皮毛，有公证员来为合同公证。穷人和富人聚在一起看狗熊跳舞、耍把戏和踩高跷。当货郎们在交易会之间穿梭时就建立了一个网络，如果他们有很强的愿望的话，就能运兼用新的网络来拓展自己的生意。

戈德里克的欲望很快使他到船上做大副兼货郎。在不列颠东海岸的岛屿间来回，他就能把从苏格兰的农夫或是工匠那里低价收购的物品在英国的港口售卖牟利。伴随着他航海技术的增长，他的生意网络也在扩张。到 18 岁时，戈德里克就已步入流动的商人—冒险家的行列，这些人在中世纪的经济领域里导致一个危险的存在，在英吉利海峡之间自由地贸易，将装饰品和挂毯卖给追求

[19]

奢侈品的贵族。戈德里克不用像他的父亲那样遵守领主的法律和限制，他只遵守利润的法则。

与此同时，英格兰也作为欧洲北方最富有的国家崛起。在 1066 年，戈德里克出生后的一年，征服者威廉①在哈斯丁平原击败了盎格鲁-撒克逊国王哈罗德的抵抗并搅乱了岛国原有的秩序。到 1086 年，威廉已经能够有效整合他的法规体系，因此他的代表可以开展对土地和人口的调查，此后 800 年间的调查在详尽度上都无法与之相比。调查的结果被汇总成两卷，即著名的《大末日审判》和《小末日审判》，之所以叫这个名字是因为从中得出的关于缴税量的判断就像上帝在末日对人类的审判一样不可违抗。

在英格兰，货币体系是非常有效的："斯特林（sterling）"这一术语用来表示由威廉和他的诺曼人带来的便士②，当戈德里克第一次离开家里时斯特林开始被普遍接受使用。社会流动也开始成为可能，对于戈德里克这样一个具有非凡禀赋和极大野心的人，这是前所未有的机遇，而且他显然不是那种会让这样的好机会溜走的人。

[20]

"这样的野心越来越膨胀并且他全心全力渴求向上，最后他的辛苦和心思获得了世间的极大回报。"戈德里克传记的作者，达拉谟③的修道士雷金纳德从戈德里克本人那里获得了大量的故事：

> 他不止做一个商人还做水手……到丹麦、弗兰德斯、苏格兰；在一些地
> 方他找到珍稀因而珍贵的东西，把这些东西带到更加珍稀的地方，这些东

---

① 法国诺曼底公爵，英格兰第一位诺曼人国王，1066 年击败英格兰被加冕为英格兰国王。——译者注

② 一枚斯特林重约 0.5 盎司，币值是一便士。——译者注

③ 达拉谟（Durham），英格兰东北部城市。——译者注

西因被当地人渴求而超过了黄金的价格,再换来被其他地方的人追捧的东西,因此他更加自由和勤奋地讨价还价。由此他付出汗水后在这些交易中获得大量利润并积累了财富,因为在一个地方低买而在别的地方高卖。

随着戈德里克的收入越来越多,他的生意网络的价值在增加,潜力也随之增长。尽管出身贫寒,但他在三十出头的时候就拥有了一艘商船一半的股份以及其他商船的一些股份。经过一段时间后,他开始离开英格兰向南航行到西班牙北部的港口,之后又穿越直布罗陀海峡。小说家弗雷德里克·布彻纳在他基于事实但又有虚构成分的关于戈德里克的书中推测,随着他处于雏形阶段的船队抵达地中海,戈德里克通过在每次行程中搭载去往圣地或是梵蒂冈的乘客以及轻微的海盗行为而获得更多的利润。还是在他三十多岁的时候,戈德里克已经极为富有,成为商人之王。此外,在耶路撒冷的鲍德温一世① 1102 年在拉姆勒被击败后,戈德里克与他结交并帮助了他。戈德里克在这场战争里被称为 [21] "Gudericus,pirata de regno Angliae",意为"戈德里克,英国的海盗"。

戈德里克"精力旺盛,思维活跃,肢体健全,体格强健",达拉谟的雷金纳德这样告诉我们。他中等身材、肩膀宽阔、胸脯厚实、脸型修长,灰色的眼睛清澈而又有穿透力,眉毛浓重,额头宽广,长而翕张的鼻孔,鹰钩鼻,尖下巴。他胡须浓密,比一般人的都要长,嘴巴长得很好看,嘴唇薄厚适中;年轻时他的头发是黑色的,年老时银发如雪;他的脖子短而粗,脖子上的肌肉和静脉像打了结一样突起;他的腿有些无力,脚背很高,膝盖由于经常下跪而僵硬、角质变厚;他的皮肤比常人要粗糙,直到随着年纪渐长才变得柔软。

---

① 法兰西王族的近属,他是第一次十字军东征的领袖,埃泽萨伯爵和第一个号称耶路撒冷国王的人。——译者注

如果弗雷德里克·布彻纳的《戈德里克》一书可信的话,戈德里克还是一个好勇斗狠、行为不检点的人,尤其是一个狡诈的商人,在必要时甚至是一个骗子或是更糟。不管戈德里克是一个什么样的人,他是一个陷入两难抉择的人。这种两难,即价值和金钱的冲突,对于成功的不同看法,一直在戈德里克所处的千年里困扰着经商的人。科西莫·德·美第奇同教皇谈判来解决这一问题,约翰·戴维森·洛克菲勒同他的造物主谈判,而现代金融家约翰·邓普顿(John Templeton)提供资金来鼓励研究上帝的终极本质(物理学家弗里曼·戴森因为在宗教研究方面的进展获得 2000 年邓普顿宗教进步奖,奖金高达令人咋舌的 94.8 万美元)。在上一个千年结束的时候,一种痴迷于寻找世界和工作意义

的文化被技术革命极大地改变并急切地去拥抱新时代的精神。但戈德里克没有类似这样的选择。现在商人用他创造的利润来衡量生意的好坏,但在那时不像现在这样,罗马的天主教廷非常明确地指明戈德里克该选择哪条道路。真正的进步是在救赎的道路上,而追求利润不可避免地使这一救赎和灵魂处于危险之中。

北海的林迪斯法恩岛(Lindisfarne)是圣卡斯伯特曾经担任主教的地方,戈德里克有时会在贸易途中在此停靠。在这里所有这些灵魂中不可调和的诉求最终使他难以承受。居住在法恩岛上的修道士们邀请这个富有的商人参加祷告,戈德里克这样做了以后被悔恨所压倒:"我的兄弟们啊,我是否在做正确的事情?"据说他这样问自己:"我的主啊,我做的事情对吗? 这些生意是骗人的吗?"在相信自己走在错误的道路上以后,戈德里克在修道士居住的狂风肆虐的海岸上下跪,发出了与商人生涯告别的誓言,一个被他恪守得近乎恐怖的誓言,戈德里克作为商人的生涯结束了。

在 40 岁的时候,随着罪孽重压在他的身上,戈德里克抛弃了世俗的财产去

过隐士的生活。在跋涉几个月以后，他加入了另一个隐士——达拉谟沃辛汉姆的艾尔利克——的行列。在1108年艾尔利克辞世以后，戈德里克为了行善在芬夏尔定居下来，就在达拉谟的威尔河那里，他建了一个奉献给圣母玛利亚的木质小教堂并在那里生活了57年。

在达拉谟，据说戈德里克毫不留情地虐待他的肉体以得到上帝的赞美。他还形成了预言的能力——未卜先知，例如在1170年的年终日托马斯·贝克特①将在坎特伯雷大教堂被暗杀。他还成为野生动物的朋友，很多动物在受伤时寻求戈德里克的庇护，甚至是蛇也被吸引过来：戈德里克把它们当成宠物，只有在它们干扰他祈祷时才把它们赶出屋子。据说戈德里克还是最早的英语抒情诗人，现今还在流传的作品之一是一首由他谱曲的献给圣母玛利亚的赞美诗。在1170年5月21日，也就是他105岁生日前不久，戈德里克离开了人世，不久之后就被罗马教廷册封为圣徒。 [23]

对于天主教而言，戈德里克的转变是精神的力量对由于致力经商而被误导的价值观的胜利。我们之中只有很少部分人才能够做到严格遵守道德准则，即散尽家财拯救灵魂。在漫长的余生放弃尘世的舒适，在荒僻的地方苦行，这同样不是一个容易的选择。戈德里克不只做到了这些，还同时发现了他真正的天赋：在抒情诗方面惊人的才能和与动物特殊的沟通能力。用那时的标准和理解，戈德里克人生的巨大转变是宗教圣洁的明证。

但戈德里克的人生讲述了一个比他获得的圣洁更加复杂的故事。生在农民进行资本积累几乎是不可想象的时代，戈德里克无疑是现代财富创造的典型：一个自力更生的资本家，改变了命运的掌控。在戈德里克人生的所有重大

---

① 中世纪英国知名的圣徒，坎特伯雷大主教。——译者注

决定中——从追求财富到追求救赎——他放弃了已知世界的安全和舒适,冒着极大的风险去追求到头来很可能达不到的目标。不论在哪种情况下,他都要摆脱自己的局限性、对自己的认知以及对人生的期待。如果他的后半生是解决个人价值和追求财富之间内在冲突的一个典范,那么他的前半生也是如此:发掘

[24] 新兴自由市场资本主义潜质的典范,即使这些人不是上层社会的一员。商业在新的千年里发展起来,一种新的经济开始成形。对于金钱和权力的追求正开始

[25] 打破神权和王权的统治,西方世界从此变得焕然一新了。

第二章

科西莫·德·美第奇：让金钱发挥作用

一

　　圣戈德里克航行到远至耶路撒冷的地方追求商业利润，在 11 世纪的英格兰，对于出身农奴的人而言是不同寻常的远行。在戈德里克辞世后的 84 年，出生于达尔马提亚山脉①贵族家庭的马可·波罗航行到了已知世界的尽头，这不管怎么看都是一个非凡的壮举。

　　这个世界开始变得开放。在 1095－1291 年间发动的八次十字军东征，在圣地仅留下了很少的关于欧洲的印记。但不管怎么样，即使从战争本身而言，十字军东征连接并照亮了基督教和伊斯兰教的世界。与此同时在遥远的远东，成吉思汗正在建立这个世界前所未有的、比罗马帝国还要大的最大的帝国。在意大利，11 世纪晚期建立于博洛尼亚的独立大学②是沿着由圣安塞姆③点亮、由托马斯·

①　达尔马提亚山脉，主要位于现在克罗地亚的南部。——译者注
②　独立大学，欧洲第一所大学。——译者注
③　圣安塞姆，意大利神学家和哲学家。——译者注

阿奎那①升华的道路迈出的另一步：教育在教堂之外的地方再次繁荣起来。尽管没有人知道，但是理性开始朝着占据支配地位迈出了尝试的脚步。

[29] 　　正是在这样的背景下，马可·波罗于1271年同父亲和叔叔启程了。仅仅17岁，马可·波罗就主要靠步行穿越了土耳其和波斯，然后沿着西藏的北部边界穿越戈壁沙漠，在1275年，这支队伍来到了忽必烈的夏宫（位于上都，诗人柯尔律治的杰作中的行宫）。在成吉思汗的孙子、元朝的建立者忽必烈的请求下，他们在这里待了17年，并去了缅甸、印度和其他地方。1292年，马可·波罗和同伴踏上回乡之路，这回旅程是走水路沿着马来半岛、北上印度沿岸到达波斯湾，于3年后的1295年抵达威尼斯。此时，善于观察的马可·波罗已经撰写了一部有史以来最伟大的旅行游记之一，游记中充满了旅行中的细节，一丝不苟地描写了人、风俗、作物和其他物品，从中勾勒出了那个时代最强盛、先进的帝国。

　　尽管书中一些华丽的段落可信度存疑，但是马可·波罗游记帮助揭开了伊斯兰世界在欧洲和远东之间崛起的面纱。在马可·波罗旅行之前，那里非常神秘，随着他的归来和游记的出版，西方开始对这个在经济力量和科技发展方面远超西方的两千年文明有了新的认识。那时的欧洲还在用手搬运石头，马鞍还是新发明，人们通过星星和太阳来辨别方向（而中国已经有了独轮手推车、骑马者用的马镫，还有指南针来告诉商业旅行者和船长方向，不论是在白天还是黑夜、晴天或是阴天）。在伊斯兰、拜占庭②和西方世界之间往来的商人将火药、

[30] 制造丝绸的先进工艺、铸铁、印刷甚至是造纸术带到欧洲。

---

　　① 中世纪经院哲学的哲学家和神学家，他把理性引进神学，用"自然法则"来论证"君权神圣"说。——译者注

　　② 中国史籍称"大秦"，是罗马帝国分裂后的东罗马帝国，首都为君士坦丁堡。——译者注

变革和发明一直鼓动着商人的野心，马可·波罗的记叙也不例外。随着黑暗时代①的退去，欧洲也开始苏醒。在戈德里克时代就已经开始的城市运动发展出一大批大城市，成为交易的中心和吸引商业的磁石。当农民奴役的束缚慢慢减少时，那些曾经在家纺纱、染线满足自身需求的人，开始和左邻右舍们聚集在一起集体劳作。通过集中劳动力，他们可以使产出扩大，通过减少成本，可以创造利润。与此同时，科技变革者再一次学会如何让自然发挥作用。

人们对于罗马帝国衰亡以后的 800 年内水力磨坊如何发展起来所知甚少。但在 13 世纪末，上射式水车开始得到广泛应用。通过将水引到水车转轮的顶部而不是只让水流推动水车的底部，磨坊主可以增加水车的动能，而更多的动能意味着更多的产出。位于法国阿尔附近一个上射式水车磨坊据说能够为 8000 人提供足够的面粉。由马和牛驱动的磨坊还是需要的，毕竟水会遭遇干旱和冰冻，但在平常时节，一个上射式的水力磨坊抵得上五匹马而且不会减少动力来源。

与此同时，另一种倍增力量的形式——现代银行体系——诞生了。人们意识到如果把 100 枚金币藏到床底下，你的钱不会有任何变化。把钱存到承诺给你利息的银行家那里，你既让你的钱发挥了作用并且使得在你周围流通的钱翻倍了。现在你有 100 枚金币，那么接收你存钱的人也就有了这么多钱。让那个人把钱借给另外一个人并且收取利息，那么你的钱就变成了三倍，只要每个人都履行自己的约定那么就不会有损失。 [31]

简单来说，交易发生得越多，每个人就变得越富有，到了 15 世纪中叶，欧洲最富有的人几乎都是掌握大银行交易的人。那时的佛罗伦萨成为欧洲大陆的

---

① 指欧洲中世纪。——译者注

金融中心。它的金弗罗林（florin）——叫这个名字是因为象征这个城市的花被印在金币上——是欧洲的货币标准，与热那亚的热那维诺（genovino）金币一样，弗罗林率先严格规定成色：每枚弗罗林含有 3.52 克的 24K 黄金。佛罗伦萨的银行也成为标准，那里是国王要为战争筹集资金时求助的地方，是人们现金流干枯时想到的地方，是拥有多余资金的普通商人通过借出资金获得利润的地方，这样他们就可以满足不断增长的对商品的需求。在佛罗伦萨银行界的中央屹立着后来被称为国父的人，他的子孙成为欧洲艺术最大的赞助人，他就是科西莫·德·美第奇。

由于不能协调利润和基督教的价值观，戈德里克放弃了他的财产来拯救灵魂。而科西莫用简单得多的方法解决了同样的问题：赚钱并且同时驾驭金钱。

二

从最宽泛的意义上来讲，银行和货币以及货币兑换的概念一样久远。由于寺庙神圣不可侵犯，不大可能被劫掠，因此早在公元前 2000 年巴比伦的寺庙就被作为存放金钱和对外借款的地方。到公元前 6 世纪，巴比伦的 Igibi 银行为贸易公司充当金融掮客。在古希腊，寺庙也承担银行的功能，像其他私人公司一样接受存款、发放贷款以及其他活动，从广义上来讲，类似于现代的社区银行。从公元 2 世纪开始，罗马法律允许公证员登记在债务支付中产生的银行贷款。对于携带各种硬币和铸币的商旅和商船，货币兑换是一个非常重要的功能，而回溯到几千年前，根据圣经的记载，货币兑换商被耶稣赶出寺庙。

因为几乎没有需求，银行在中世纪大部分时间近乎绝迹。由于商业活动很少，银行机构逐渐萎缩。构成银行基础的对商业风险的承担取决于商业机会。

[32]

领导力而言,这样做却是灾难性的误入歧途。与任何一位将自己封闭在管理办公单元的首席执行官一样,腓力和那些与国家休戚相关的现实问题的脱离更加久远。这样一来,他年轻时沉默寡言和说话细声细气的风格,就演变成了一些令人生畏的东西,或者正如后世的史学家们写的,令人倍感沉闷。没有指示和对话,来访者相反要忍受面无表情的沉默、尖锐盯视的眼神以及更加灰暗的着装。正是腓力对黑色系日渐上升的偏爱,成就了欧洲的"西班牙风格"。

这么一个黑暗负面的描述可能有些夸大了事实,或体现的是老清教徒们的偏见。"不愿意说话,"卡曼给国王辩护道,"腓力总是感觉在纸面上的表达更加自如。"然而,不论具体细节如何,腓力给西班牙人民留下的却总是一副忧郁的样子,并且这个形象在他统治的领土上广为流传。没能带领西班牙走向一个前途光明的未来,相反腓力却是成为警世故事中的反面角色,告诫人们不应当这样领导子民,也成为精神错乱异化研究的对象。当然,在他自己的家庭方面,腓力确实有许多的东西足够他忧郁的:几任亡妻和若干孩子的死去。而罗马教廷宗教审判所也够让西班牙人哀痛的。

二

往前推 8 个世纪到中世纪,西班牙曾经是欧洲国家中宗教最混杂的国家。伊斯兰教和天主教势力之间一波波的征服与再征服,时而把半岛上的清真寺变成了天主教堂,时而天主教堂又变回清真寺。战争间隙的较长和平繁荣时期,滋养了一种独特文化的兴起,在古兰经和圣经的崇拜者们中间实现一种宗教平衡。犹太教的据点在此也能生根壮大。受困于内部政治,对近在咫尺的巨大经济机遇又是熟视无睹,而立志要推行宗教统一,腓力和紧接的后任彻底改变了

[54]

这一切，他们的工具则是罗马教廷宗教审判所。

罗马教廷宗教审判所的残酷毋庸置疑，但是它的恐怖却可能是被夸大了。被指控脱离唯一真挚信仰而被带到审判所前的人数并不多——被起诉的里面大概有五分之一的人最终发现无罪而被释放，而那些确实被认定为异端邪说的，其中只有相对较少一部分人被烧死在火刑柱上（亨利·卡曼向我们保证，腓力从未目睹这种火刑）。而且，在这样一个君主联邦制的王国，罗马教廷宗教审判所的命令并没有也不能得到普遍的遵从。

按照哈布斯堡家族设定的条款判断，罗马教廷宗教审判所甚至可以说是非常成功：犹太人被驱逐或被迫潜藏，穆斯林的遭遇大体相似，不信国教的都沉默缄口了。虽然被判有罪的大多数都被免于执行死刑，但是他们都要带上一个延续数代的耻辱标记，并且罗马教廷宗教审判所的审判也不止于眼前。血统纯正法案（Blood-purity Laws）的影响深入到社会各个领域，而且很快引起高层的关注：腓力开始对那些受到委任的人的族群来源极为着迷。腓力加冕后的两年，即1558年，外出留学被禁止，图书也遭到审查和删改，书籍进口被禁止。最后，指令变成未被列入禁书目录的才可以付印、分销、售卖、阅读或收藏。为逃离这些限制，许多受过良好教育的西班牙人利用松散的边境管理，逃到伦敦和其他一些"开放"的城市，在那些城市他们可以随心所欲地阅读和书写。和他父亲偶尔为之的事情一样，腓力也去追捕他们，授权一系列的绑架，不仅想要打消这些逃跑者的热情，同时也要将这些异端们带回西班牙，这样一来他们就可以明白自己所走道路的错误所在。

[55]

在相邻的法国,天主教徒和胡格诺教徒①陷入了一场流血冲突中,最终导致了发生在 1572 年 8 月 26 日针对加尔文胡格诺派教徒的臭名昭著的圣巴塞洛缪大屠杀(据说,有关大屠杀的新闻让腓力"大声欢笑,表现出极大的愉悦和满足")。然而,整个半岛上却是充满了令人抑郁的安宁,而这安宁是以排挤创新,杜绝开放、学习和工业为代价的。

"从统治者的角度,如果这些政策可以视为成功,那么从长期来看它们对西班牙公众领域的发展却是极为负面和不利,"1998 年 6 月 22 日维克多·佩雷斯·迪亚兹(Vitor Perez-Diaz)在编写由美国艺术与科学院出版的《代达罗斯》时写道:

> 它们降低了社会多样性和多层次的本质。它们助长了隐匿私人信仰之风,强化了掩饰的习惯……并且,正如路易·毕夫(Luis Vives)1534 年给伊拉斯谟斯(Erasmus)的信中点出的,它们有效地缄默了个人观点:"我们生活在一个艰难的时期,那时说话或保持沉默都可能引致危险。"哲学书和读物都可能与危险、可疑的事务搭上联系,因而在有关社会核心的一系列广泛事务上,争论的频率、强度和自由度都显著下降。

贸易部给哈布斯堡家族统治下的西班牙警察国家提供了贸易效率,罗马教廷宗教审判所则用盖世太保和克格勃式做法。即便如此,西班牙仍旧是世界上最强大最富有的帝国,而且要不是腓力把得自美洲大陆上的财富肆意挥霍一空,去旧世界里赚取宗教分,很可能这种情况还会维持多个世纪。强硬推行宗教统一让西班牙内部大伤元气。腓力的战争则从外部让西班牙伤筋动骨,而西 [56]

---

① 胡格诺教徒,即 16—17 世纪法国新教徒形成的一个派别,政治上反对君主专制。——译者注

班牙经济在战后协议中也受到极大破坏。

同样,还是有一些可以文过饰非的情形:腓力被指控的每场战争,从保护国家边境或他那长存的——出于信仰和政治——对罗马天主教廷的义务当中都有其合理性。然而,国王们可以有所选择,腓力选择用战争来保护那些错误而且正在垂垂死去的有关旧世界的各种想象,而不是去创造一个焕然一新、复杂多样而富饶的世界。

为了对土耳其人采取先发制人的策略,腓力必须将意大利保卫起来。如果意大利沦陷,那么作为圣父坐基的罗马也就随之倒下了,而西班牙边境上就将出现一个实实在在的异端政府。同样不妙的是,土耳其人——以及普遍的伊斯兰世界——对西班牙的地中海边境始终是一个威胁。在穆斯林的非洲,土耳其人也有一个基地,而历史表明由于它没有引起重视,终究也成为西班牙的威胁。更糟的是,土耳其并非只是一个想象中的威胁,在 16 世纪中期,土耳其已经成为一个超级大国,也有自己的宗教诉求。

1566 年,土耳其人针对哈布斯堡国王马克西米连,在匈牙利东线发起大规模——30 万大军——的袭击,最后只是由于伟大的缔造者苏莱曼大帝在这过程中突然身亡而作罢。在海上,一支大约有 300 艘船只的土耳其舰队,在地中海东部沿岸进行大规模的报复破坏。腓力的堂兄、奥地利的唐璜最终在 1571 年著名的勒班陀海战中给土耳其人致命的一击,而 12 年前土耳其人则狠狠羞辱了试图夺取穆斯林在的黎波里据点的西班牙和意大利联合远征军。在腓力统治的大部分时期里,势力平衡就是那样的势均力敌。

在国内,罗马教廷宗教审判所确实可能堵住了不信国教的穆林斯们的嘴,但是私底下的反抗却只能是更加尖锐了。1568 年圣诞期间格林纳达爆发了一场起义,这地方在 1492 年哥伦布扬帆前往美洲的时候还是一个穆斯林王国。

[57]

这场起义最初只有 4000 多名西班牙裔的穆斯林(Moriscos)参加,不久就扩大成一个将近 30000 人的队伍。到 1569 年春天,北非的穆斯林支持者们还送来了武器和志愿者。与此同时,腓力的镇压部队还在佛兰德斯①,再一次对加尔文教派发动突袭。

1570 年 2 月,起义军的据点格里拉被攻陷,2500 名居民全部被屠杀,城镇被摧毁并盖上盐土——这是西班牙式报复穆斯林的暴行。那年夏天,起义以失败结束,镇压起义的武器大部分都是来自米兰的工厂。一如既往,用于购买武器的支出是来自新世界的金银。作为一个长期作战的国家,西班牙从未费神去培育自己的武器和军火工业。这种模式周而复始不断重复。

1580 年,来自美洲的贵金属帮腓力得到葡萄牙空缺的王位。否则,他西部前线的大部分地方都将受到一个非天主教国家的威胁。金银同样还支撑了腓力对法国的入侵,可惜没有成功,法国是异端胡格诺教派的温床。要是成功了,腓力希望派他的女儿去当君主。然而,他失败了,更多的新世界财富也被浪费了。

对腓力而言,低地国家尤其成为两难的尴尬:他们是西班牙巨额财富的来源,却又是清教反叛的温床。在荷兰的帮助下,他有效地控制了北欧一条条有利可图的贸易路线;失去荷兰,他只能依靠那些新世界殖民地的矿产财富。因而,他不得不在低地国家进行战争。如果在那里失败了,他也就不能在别的地方进行战争,而要是他做不到这些,那他的罗马天主教帝国和天主教王国肯定都要倒台了。

[58]

饱受这类多米诺骨牌式思维的困扰,同时又深陷于军事规划师所说的策略

---

① 佛兰德斯,泛指古代尼德兰南部地区。——译者注

性出拳过远。腓力越来越依靠他海外的金银。然而,他自己这边在开发跨大西洋贸易或调整苛刻的税收政策方面,却几乎没有进行一丝回馈性的努力,新世界的资产在不断缩水。甚至早在成为国王之前,腓力就支持赋予殖民者们永久使用土著劳动力的权利。当事实表明这个做法效率甚微之后,他又赞同将加勒比的印第安人抓来作为挖矿的奴隶,并引进更多的黑人进一步充实奴隶劳动力大军。同样,他挥霍金银的速度远远超过土地上开采的速度。极为频繁的战争导致破产威胁迫在眉睫。这意味着,即便有智慧如此,腓力也无暇调整针对新世界的政策。他既没有时间采取行动,也不愿意如此作为,或者也缺乏这种远见,只能是进一步增强了新世界的西班牙殖民者们的不满。

"西班牙来的那些人里面都盛传,官员们更关心从这片领土上压榨银子,而不是从公共福利和和平的角度出发加以治理",弗朗西斯科·德·拉·克鲁兹1575年写道。作为一名在秘鲁的多米尼加裔天主教传道士,德·拉·克鲁兹继续指责腓力:"不论过去还是现在,对于从西班牙本土及其他领土上拿到的收入,这个国王所做的就是不停地挥霍并负债累累。"由于制造了这些麻烦,德·拉·克鲁兹被罗马教廷宗教审判所逮捕了,前后审讯了三年,最终被烧死在火刑柱上。然而,这位传教士试图说明的大多数观点,历史却是表明其确证无疑:得到了如此巨额的财富,腓力尽其所能地挥霍干净了,却几乎没有做任何一件增长财富的事情。

[59]

三

对腓力而言,职业生涯中所有最坏的决策,在决定建造和装备一支庞大的海军舰队入侵和征服英格兰那一刻达到了顶峰。再一次,整个事件似乎又成为一件命中注定的事情。先是有失败的经济政策在前，接着是将整个国家致力于恢复历史上早已过时的欧洲秩序，腓力似乎别无选择只能继续沿着两条错误的道路，一路抵达其逻辑上的错误终点。

作为反宗教改革的急先锋，腓力不能坐视伊丽莎白女王在英格兰获得统治地位。1570 年，教皇庇护五世（Pius Ⅴ）已经宣称伊丽莎白是一个异教徒，而这个问题上他的继任者教皇西斯都五世（Sixtus Ⅴ）也必须受到庇护五世教皇诏书的约束。作为梵蒂冈在维持真信仰方面的斗士，腓力也持类似的立场。并且，从 16 世纪 60 年代末以来，伊丽莎白就把天主教的玛丽·斯图尔特关在了监狱里。在玛丽位居苏格兰王位时，一旦伊丽莎白故去，就一直都存在一个自然而然的天主教传承的可能。当玛丽由于密谋杀害伊丽莎白而被捕入狱，这种机会就减弱了许多。而 1587 年 2 月玛丽被处死时，这种机会就彻底消失了：玛丽的儿子詹姆士继承了苏格兰的王位，然而他信的是苏格兰长老会，比英国圣公会更加新教化。

从腓力的观点来看，同样重要的是，西斯都承诺一旦成功入侵英国，将会给他一笔丰厚的金钱奖励，而西班牙的国库当时已经是几近耗竭。与其说是哀悼玛丽·斯图尔特之死，还不如说腓力是在向教皇请愿出征获取最后的嘉奖。

早在 1585 年，腓力就已经听说英国人弗朗西斯·德雷克①（Francis Drake）已经起帆前往西印度群岛，就是为了要在西班牙的珍宝船队充实腓力的宝库之前将之截获。弗朗西斯·德雷克此前就已经由于掳掠西班牙在新世界的城镇和船只而声名鹊起。腓力自己没有足够的船只来对付德雷克，同时也没 [60]

———————————

① 弗朗西斯·德雷克，英国历史上著名的探险家与海盗，是第一位完成环球航行的英国海员。——译者注

钱购买船只,于是他颁布了一个法令,所有在西班牙港口的德国、英国和荷兰船只都将被征用为皇家服务。当两艘英国的谷物运输船在西班牙北方海岸的维格被征用时,伊丽莎白果断地命令德雷克去把船要回来,并同意他的舰队在那些海域对西班牙的据点采取战争行动。德雷克抵达时,两艘船都已经被释放——腓力似乎已经意识到征夺了这两艘船,他已经至少是打开了潘多拉之盒——然而不管怎样德雷克还是继续向新世界前进,一路上劫掠了佛得角群岛。最终,德雷克和他那 30 余艘船只的私人舰队攻占并劫掠了西班牙在美洲的主要港口,位于伊斯帕尼奥拉的圣多明格,西班牙在南美洲的港口卡塔赫纳,以及佛罗里达海岸的西班牙殖民点。

经济上,德雷克的资助者在这次远征中遭受了沉重的打击。暴风雨和其他一些耽搁让他们扔掉了一系列从巴拿马、洪都拉斯和哈瓦那等地劫掠来的赃物。成本一共花了 60000 英镑,但这次远征的产出收益却只有 45000 英镑,德雷克的船员们得到了他们应得的那份分赃。然而,从任何其他方面来看,对英格兰和伊丽莎白而言这次远征行动都是一次伟大的胜利,对西班牙和腓力来说则是一场灾难了。

受到德雷克的恐吓,同时在自己的港口又缺乏充足的保护——德雷克把那些缴来的枪炮作为返程的压舱物——珍宝舰队没能返回欧洲。几乎比丢掉这些钱更糟糕的是,整个欧洲都发现,当西班牙装备了一支海军舰队前往新世界追赶德雷克时,后者已经扬帆返航。没了海外的贵金属,腓力只能再次在自己的大陆上举债了,然而他和西班牙已经看上去像一个投资不良的国家,人们普遍感觉到西班牙这个过度扩张的帝国已经没有什么资源可用了。1585 年,帕尔马公爵夺取了安特卫普,似乎即将要把低地国家加尔文教派起义一劳永逸地消灭掉。然而,伊丽莎白却可以送钱过来,让起义反抗重整旗鼓;而腓力却没法做同样的事情帮助帕尔马取得胜利。虽然是带领着一个战胜的部队，帕尔马却发现自己的军队饥肠辘辘。

"他们把自己的钱袋子收得紧紧的，不愿意出钱补给，"他记述下了自己努力向腓力要钱的情形，"他们绝大多数时候冥思苦想的却正是这场针对德雷克的胜利。"

四

1586年5月15日，以下这份情报部门的报告从西班牙抵达伦敦：

塞维利亚银行破产了：

威尼斯银行也很可能步其后尘⋯⋯

盛传西班牙国王要缔造一支800艘船只的庞大舰队前往英国，然而至今来看却是没有多少可能了，只能是西班牙式的夸夸其谈罢了，在此后的若干年内，除非法国帮忙他是不可能有能力给这样一个军队装备上船只、海员和士兵们了。

除了一个地方，这份报告每个方面都极为正确：永无休止的战争干涸了血泪，也截断了通往美洲提款机的通道，即便是名义上拥有人类迄今为止所知晓的最大规模的金银储备，不良信用风险依旧不停飙升，腓力只剩下唯一可以指望的资源了：那就是教皇西斯都六世承诺的入侵英格兰将给予的奖赏。受困陷入自己的逻辑陷阱中，腓力别无选择只能行动，而他确实行动了。 [62]

腓力从帕尔马公爵处得到一个作战计划，主张从荷兰入侵英国。一旦西班牙部队成功登陆，他们就会得到英国的天主教徒们的帮助。自然的，帕尔马将是负责人。从另外一位信任的建议者——西班牙人马奎斯·德·圣克鲁兹那里，腓力得到了第二个作战计划。这项计划主张从西班牙本土大举入侵英国。作为负责人的圣克鲁兹，算了一下成本要耗费 400 万达克特①。即便这个数字准确（当然不是），腓力也不可能拿出这个数目。夹在两位军事领袖之间，腓力设计出了自己的一套方案，从两者处都引用了部分内容。当然，结果也就颇具传奇色彩了。

腓力那 130 艘船只的舰队于 1588 年 7 月 22 日离开西班牙，7 月 29 号就出现在英国西南角康沃尔郡的视线范围之内了。深受自己执拗的策略所害，同时也受创于新型海战更加强调的轻便和操控性更好的船只，大约两个礼拜之后，一支溃败的舰队从英吉利海峡东端仓皇往北逃向苏格兰。绝大多数的西班牙船舰在战斗中都保存了下来，但是受到英国猛烈炮火的袭击之后，储备又日渐减少，许多船只返程中都折戈了。总共损失了 51 艘船，成千上万的水手和士兵则死于疾病、饥饿和爱尔兰港口密布的礁石，在那里成打的船只在试图获取淡水和给养时都舟覆人亡了。虽然有 3000 多人在战后不久的恶性食物中毒事件中身亡，英格兰却没有损失任何船只，也不到 100 个人由此丧生。

腓力二世的统治还继续维持了十年，1598 年 9 月 13 日他在自己埃斯科里亚尔的寝宫逝去，享年 71 岁，但是自从舰队战败以来西班牙的日子已经不复从前了。1577 年，西班牙的大臣们考虑过但最终拒绝了征战中国的计划——原因并非这计划不切实际，而只是时间不对。仅 21 年之后，垂垂欲死的腓力也许再无法存此痴心妄想了。得到了前所未有的矿产财富，他不是向前看并敞开怀抱迎接增长，却在违逆历史的潮流，因而历史也给予了他相应的审判。

[63]

[64]

---

① 达克特，曾在欧洲许多国家通用的金币。——译者注

第四章

郁金香狂热：分享贪婪

一

西班牙的天主教国王在塞维利亚设立了贸易部并规定，和美洲的贸易只能由讲卡斯蒂利亚语①的人来进行，以保证从新世界获得的财富直接流入皇室。结果就像我们所看到的，经济上的无效率。在 17 世纪早期，西班牙就滑向经济瓦解并且这一状况持续到了 20 世纪。

为了将众多独立的贸易商纳入中央控制之下以及为了促进共同的目标，尼德兰政府在 1602 年设立了荷兰东印度公司，19 年后，荷兰西印度公司成立。东印度公司的权力架构是从能够代表全国所有地区的 6 个当地董事会中选出 60 名成员的代表大会，而不是将权力集中于一个当权者。海上贸易可能要远赴 15000 英里之外并且要用六七年的时间才能完成，为了分散这些风险和分享收益，荷兰东印度公司最初由一个国家基金会以每股约 3000 弗罗林的价格出售了公司 2000 股份，从而筹集了 650 万弗罗林。

为了使股票和公司整体的潜在利润最大化，这个公司被授予了长达 21 年

[67]

---

① 卡斯蒂利亚语，即西班牙语。——译者注

的巨大权力：铸币、发动战争、缔结条约、保持横跨好望角到麦哲伦海峡这一巨大区域的陆海军兵力。公司还被授予了垄断东印度贸易的特权以及进口关税的豁免权。分散的权力意味着分散的权力机构和决策。但荷兰东印度公司的监管者被赋予在需要的时间和地点采取行动的权力，而不会当商船在海牙或是阿姆斯特丹与苏丹们之间往来讨价还价时造成经年的延误。

结果就是：财富得以共享，从开普敦到苏门答腊的贸易得到蓬勃发展。不同于腓力二世的圣战，荷兰的贸易商为那些对他们重要的事情而战，那就是利润。在获利丰厚的东印度香料贸易中，他们为自己的抱负找到了载体：肉豆蔻、桂皮、丁香以及其他能在印度洋和南中国海的贸易口岸廉价购买、但在欧洲市场却身价翻十倍的香料。在从西班牙和腓力二世那里独立以后的不到半个世纪时间里，尼德兰，尽管还是一个只有 200 万人口的海洋小国，已经成为世界上最富有的国家。

正如英格兰的经济政策越来越多地是被国会中的多数人制定的一样，尼德兰的经济政策和实践也并不是由专制君主决定而是由商人决定。商业占统治地位的地方商业也通常较为发达。英国东印度公司（在荷兰东印度公司建立的两年前成立）第七次远航带来了今天看来也是惊人的投资回报：1611—1615 年的远航花费了 1500 多英镑，而回报则达到原始支出的 214％。在 17 世纪 60 年代晚期荷兰东印度公司的巅峰时期，当时公司拥有 150 条海上贸易船只，40 艘护卫舰以及 1 万名士兵，投资者每年的分红为 40％，有时超过 60％。一直到 1696 年，在其存在的 94 年里，公司的每年分红从未低于 12％。

在遥远的海上贸易中，荷兰采取了与今天的股票市场极为相似的形式。今天的公开上市公司的前身，即当时所称的股份公司的股份在 Bourse（股票交易所）买卖，这个名字来源于最早的交易所阿姆斯特丹 Beur 的院子。Bourse 在每个交易日的中午开盘，下午两点结束。如果市场没有现代电子技术和自动收报机，那么对于曾经在芝加哥商品交易所进行过交易的人来说，Bourse 的工作方式还是很让人感到舒服的。开价通过"人工扩音器"——也就是喊——来进行，成交通过击掌来进行。腓力几乎把他的臣民都排除在国家的经济生活之外，荷兰公民却不是如此，他们被邀请参与经济生活，并且因其作为投资者的技能和谨慎而受到赞誉。

银行通过将货币投入流通而成倍增加了货币量。这些公司的发明在风险和机遇上也做了相同的事。大企业成长于很多小的风险的累积，如果出现巨大的回报就会在市民阶层中积聚。理论上，这应该就像是永动机在经济上的翻版一样。实际中，经济中的每个新变化都孕育着自身的过剩，尼德兰将证明在这一点上没有例外。这个例子中描述的没落起始于自然界一个美丽的造物和人类最持久的情感：郁金香和贪婪。

在荷兰，称其为 *Tulpenwoede*，即郁金香狂热。在某种程度上说任何复杂的事情都有一个简单的开始，这一事件开始于 1551 年，维也纳驻土耳其大使奥吉尔·德布斯贝访问了位于阿德里安堡（即现在的埃迪尔内）的土耳其贸易中心，就在沿希腊边境的康斯坦丁堡的正西面。接近年末的时候，奥吉尔·德布斯贝在写给维也纳的信中描述了他见过的一种不同寻常的花，尤其是那纤长的花茎、杯子一样的花簇和丝绸一样的花瓣。很快，伴随着他的信和花的种子，一个新的园艺产业就在欧洲发展起来。伟大的瑞士自然学家格斯纳在其 1561 年出版的 *De Hortis Germaniae* 中，首次对郁金香进行了说明描述。次年，一船来自康斯坦丁堡的郁金香球茎抵达安特卫普，引发了巨大的热情。

郁金香本身的独特就足以让人产生巨大的兴趣了：受马可·波罗和其他人的激发，欧洲人在两个世纪前就被近东和远东的奇异商品所吸引，但郁金香自

[69]

身植物学上的特点将狂热推上顶峰。在自然状态中，在不受疾病感染的情况下，郁金香呈现出除了蓝色以外的纯净颜色，从白色到近乎黑色的深紫色。受到一种花叶病毒的感染，郁金香发生了变化：自然的颜色中出现了不规则的条纹，受感染的球茎会年复一年地长出同样具有条纹的花。从中找出喜欢的样[70]式，将本会长出纯净颜色的郁金香球茎种植在相同的土壤中，这样就可以在几年以后得到稳定的遗传性状。或者还可以将附属的球茎从主球茎中剥离下来得到新的样式。病毒本身不会伤害球茎或是影响其寿命，只会影响其颜色。这样，郁金香就不止因为其自身才独特，人们不断和自然地创造出全新的特独样式，其中最受欢迎的就被不断保存和复制下来。

最开始只是一时的流行，此后郁金香很快衍生出巨大的需求。由于供应还像 16 世纪中晚期那样，需求导致了郁金香的稀缺。在第一艘船抵达安特卫普不久，需求就超过了供给，由此造成价格的上升；随着价格的上升，郁金香就开始被赋予远超过其自身价值的财富价值。不可避免地，荷兰国内的郁金香种植发展起来，最常见的纯净颜色的郁金香价格开始下跌。但国内种植业产生了更多更好的创新品种，讽刺性地推高了独特品种的价格。

到 17 世纪早期，情况的发展已经超出控制，一个新品种的郁金香球茎在西欧很多地方可以作为新娘的嫁妆。有一个故事说的就是一个法国商人用一个生意兴隆的啤酒厂换了一种名为"啤酒店"的郁金香球茎。但在尼德兰产生这种现象的真正原因是什么呢？部分原因就是集体性的歇斯底里的发作：在一个狭小、相对封闭的同质社会里，传说传播得飞快，贪婪的冲动进一步加剧了落人之后的恐惧。深植于荷兰的恐慌，也就是狂热，有其自身的原因。

首先，荷兰的地理条件优越，郁金香适合排水良好的沙质土壤。在很长的[71]时间里，欧洲的古老山脉被侵蚀成沙子并随着莱茵河的河道流到地势较低的国家。当郁金香到达西欧时，尼德兰的大片土地恰好就是适合郁金香生长的地方。

其次，对于尼德兰而言，政治和社会历史以及对郁金香的狂热在恰当的时候交汇在一起。荷兰海上贸易提高了国家和民众的富裕程度，而尼德兰也已经在 16 世纪后期从西班牙获得了独立。苦难的宗教战争穿插在未来的几十年中，包括西班牙短暂的重新统治，但在 17 世纪的初期，作为北欧长期的主要贸易中心之一并且幸运地免受宗教冲突的困扰，阿姆斯特丹已经准备好领导尼德兰走向强盛。

海峡那边，伊丽莎白统治下的英格兰的黄金时代已经被伟大的作家记述下来，莎士比亚是其中的翘楚。在低地国家，黄金时代被伟大的画家记录下来，大量伟大的画家也意味着大量的财富和赞助在支持他们。在荷兰的画家中，弗兰斯·哈尔斯生于 1580 年，是哈勒姆绘画学校的院长；伦勃朗，生于 1606 年；彼得·德·霍赫，生于 1629 年；作为其中也许最具有技术性的，维米尔生于 1632 年。在邻国则是巨匠彼得·保罗·鲁本斯，生于 1557 年，以及安东尼·范·戴克，生于 1559 年。

阿姆斯特丹成为这个国家不断增长的财富对外的展示窗口：从 1612 年开始，阿姆斯特丹被一条拥有 26 座堡垒的护城河所围住。在其内部，一批值得纪念的建筑拔地而起：建在一个中世纪大门里的铸币厂，282 英尺高的西教堂，这里是伦勃朗长眠的地方以及市政大厅，现在称为皇宫。

第三，从更具说服力的角度看，郁金香也是财富的象征。如果仅仅是美丽，[72] 郁金香也许点缀了很多荷兰人的庭院，但是郁金香的美丽带来了急剧攀升的成本，于是郁金香不只是带来美的享受更是成为财富、权势的象征和衡量物，不论对于国家还是个人都是如此。一个国家能够如此放任自己沉迷其中证明其财大气粗,对于民众而言也是如此。一块扩大的郁金香花园,一个在装点着郁金香的花房举办的聚会,甚至一个装饰着郁金香的窗台花盆箱,都成为社会地位提高的象征,就像是国家俱乐部的会员资格和公路上的梅赛德斯。

二

国家当然总是会从一时的流行中恢复过来。尼德兰这个国家具有重要的能力来应对接下来的狂热:为追求利润进行贸易的习性和对风险的容忍。

在较低的风险中,17 世纪早期的荷兰投资者会将钱投入公共管理的银行或是保险公司中,或是将钱投入荷兰垄断的波罗的海贸易中。这些投资工具是那个时代的国库票据或是公司债券。东、西印度公司报出了更高的收益率,特别是东印度公司。但这么高的收益率是为了抵御遥远、危险的航行以及投资回报之间漫长的间隔所带来的风险。对很多年才能完成的远航进行投机既不谨慎也不可能。

如果东、西印度公司是那个年代的 IBM 和通用电气,那么 Bourse 则比较接近早期的纳斯达克和芝加哥商品交易所的混合体。除了对投资头寸快速买进卖出的风险,Bourse 还进行事实上的股票期权和期货的交易。这样不可避免地吸引了空头和市场操纵者,他们通过散布负面消息或谣言来将价格打压下来。早在 1610 年,就已经发布了法令禁止在 Bourse 进行一系列可疑行为,最主要的就是 windhandel,意即"在风中进行交易"或是交易卖家不持有的股票。如果说荷兰早已从将积聚过多的财富视为对神不敬的时代中走出来,他们看上去将利润看得比道德底线还重要。具有说服力的是,对于法律上无法执行的期货交易没有明确的惩罚。民间执行机制还允许那些不需要官方批准的人进行无限的期货贸易。

正是这种安全和投机之间的冲突支撑和哺育着荷兰的经济。在银行和波罗的海的投资创造了价值，在 Bourse 的投机孕育了成长。在这两级之间，贸易公司发挥着龙骨的作用，正是在这种冲突中郁金香才会使得一切变得混乱。

对迅速发财感兴趣的人越多，就会更青睐于 Bourse 中的高风险投资模式，不管是在阿姆斯特丹还是其他地方都是如此。那么郁金香也就愈发被视为资产而非花朵，这就是说，郁金香外在的价值与其内在的价值和效用偏离得越多，人们在交易郁金香中得到的快乐和焦虑也就越多。到 17 世纪 20 年代，阿姆斯特丹最好的银行以拥有郁金香金库而自豪。作为优质资产，郁金香球茎可以担保贷款，球茎越珍稀，可担保的额度越大。甚至将金本位转为郁金香本位的说法也曾甚嚣尘上。

随着 17 世纪 20 年代进入尾声，郁金香也越来越大程度上控制了荷兰经济。在愿意承担风险以获得回报的人们中间，回旋的空间越来越小。随着狂热的情绪达到顶峰，没有其他地方可以提供这样的回报率，幸好还有资本市场的不断创新提供了持续的获得回报的机会。郁金香有一个优势：它不像黄金或是钻石那样要从遥远的地方挖掘出来，也不像荷兰东印度股份公司的股票那样是普通劳动人民难以企及的。那些颜色纯净和普通的一般球茎价格相对便宜，价值也很低，人们希望病毒能够感染这些球茎从而开出独特的颜色，带来独特的价值。Brouse 的贸易商调节参与者的数量以平衡贸易和交易者的心理，参与者也从中学到了这一点。普通的球茎不是郁金香狂热中的低价股票，它们实际上价格更高，但它们为潜在的交易者和那些以前从交易中出局的投机者提供了参与的通道。就吹大一个经济泡沫而言，简直没有再好的方式了。

第四个可能助长郁金香狂热的因素也同样值得提及。在一份提交给所罗门兄弟公司关于市场崩溃和恐慌的会议论文中,普罗维登斯大学的经济学家彼得·加伯写道:"在郁金香市场的外部,1634－1637 年期间发生的一个重要事件也许推动了投机。1635－1637 年间,鼠疫肆虐尼德兰。"单单 1636 年在阿姆斯特丹就有超过 17000 人死于鼠疫,占城市人口的 1/7。在莱顿情况更糟:1635 年有 1/3 的人死于鼠疫,死亡人数总计达 14500 人。在郁金香狂潮的中心哈勒姆(不论在当时还是现在都是郁金香交易中心),尽管采取了严厉的措施,还是有 1/7 的人在四个月时间里被夺去生命。

"这些预防措施都不能防止疫病的扩散,在 1636 年的 8 月、9 月、10 月和 11 月造成 5723 人死亡,以致连墓地都不够用了。"彼得·加伯论文中引用的一个哈勒姆历史学家曾这样记述:"这些居民的伤痛如此巨大,以至于最好的事情就是对那些悲惨日子的印象不那么强烈……在我们城市所遭受的这些苦难中,人们被一种狂热所吸引,被一种短时间暴富的焦急所吸引。这样的方法被认为能够在郁金香贸易中所获得。"

不论这种狂热原因是什么——即使考虑到历史学家留给我们的记述中有夸大的成分——一个简单的事实就是从 17 世纪 30 年代中期开始,尼德兰人在有关花的事情方面失去理智。随着郁金香控制了公众的意识,国家的农业越来越多地被用来种植和培育郁金香,国家的社会生活也越来越被郁金香的身份权力所支配,国家的经济生活也越来越多被买卖郁金香所占据。随着后者的发生,市场开始扩张以满足需求。

郁金香分析家和顾问是个好行当,他们分析郁金香花茎的质量和颜色。郁金香"操纵者"——英国作家莱默·里格比称之为"那个时代的伊凡·博斯基"①——通过操纵需求来驱策市场。"一个典型的策略就是大量投资于一个地区的郁金香球茎，然后让牛群踩踏来制造短缺"，里格比在1997年6月发行的《今日管理》中这样写道："一个农夫，培育了一种珍稀的黑色郁金香，以1500荷兰盾的价格卖给一个商人，而后者毫不犹豫地将其扔到脚下踩碎。这种举动对于商人而言确有必要：他也有黑色的郁金香，并且愿意付出高达10000荷兰盾的代价来保护他的郁金香的独一性和价格。"10000荷兰盾，必须要指出这真的是一大笔财富。里格比接下来继续讲述一个农夫的故事，这个农夫因为一只牛啃食了他种植的郁金香而破产，他试图通过创造一种"郁金香—牛奶"期货市场来重振家业。

[76]

在1636年和1637年初狂热的顶峰，据说一个人用几英亩的上等农田换回了一捧珍稀的郁金香球茎，另一个人则是用房子来换。一个富有的商人显然是用2500荷兰盾购买了一个叫作"总督"的郁金香球茎，这一价格相当于一个大型农场的年产出。而一个叫作"永远的奥古斯都"的球茎的价格更是高达"总督"的两倍。

职业的交易商总是不断地交易手中的球茎以在泡沫中获得收益，但从1634年开始，业余的玩家蜂拥而来。外国资本从1635年和1636年也参与进来，而新的资金和大量新玩家的结合推涨了市场的规模。在整个尼德兰，人们开始将财产转变成流动资金以便参与到这场游戏中。加伯写道，那时，郁金香的交易被分成论"件"和论"磅"的货品。

---

① Ivan Boesky，华尔街传奇人物，被称为"股票套利之王"，后因非法套利活动入狱。——译者注

论"件"的货品就是那些珍稀昂贵的花球,按照球茎的重量售卖,合约中详细注明球茎特点和其种植地。就绝大部分情况而言,这样的球茎是郁金香市场上的蓝筹股——买卖都有金钱支撑。论"磅"的货品,也就是便宜、普通的球茎,按份来售卖,卖家众多、来源广泛,当市场膨胀和二线玩家掺和进来时,论"磅"的货品得益最大。论"件"的货品价格稳步上升,在几年中翻了3倍。到1636年11月,市场开始转向论"磅"的货品,这导致论"磅"的货品价格直追论"件"的货品。在1637年第一个月,论"磅"的货品价格翻了25倍。那时,对于交易双方而言都不需要真实的郁金香了。

[77]

由于其自然特性,郁金香贸易的其中一个原因是:郁金香在春季开花,花朵将会反映球茎和侧球茎的质量,这些球茎将在暮夏时节被收获并很快售出。但这只是你在进行真实交易的情况——也就是真实的球茎和荷兰盾。如果你想扩展你的交易方式,也就是交易并不拥有并且永远也不打算拥有的东西,你就可以交易很多年以后的东西。这碰巧就是郁金香贸易的形式。早在1636年尼德兰就出现了郁金香期货市场,在夏季,郁金香期货交易非常密集、广泛,交易商开始有规律地在小酒馆以及被称为学院的地方进行交易。

郁金香期货合约通常不涉及现金或是拥有的郁金香,也不涉及在某个真实日期交割一个真正的郁金香球茎(就这一点而言,对于合同的条款也不进行公证,被称为酒钱的一点钱被支付给卖家,这样交易合约就达成了)。正如我们今天的期货合约是买家在赌猪肉或是石油的未来价格,而不是在某个指定的日期交割一卡车的猪肉或是原油一样,郁金香期货交易也是买家在赌未来的价格。像所有的期货市场一样,郁金香期货市场,至少在表面上也是这样一个对冲卖家风险的市场:如果价格上升到超过合约价格,那么你就输了,如果价格下降了,你就赢了,但不管怎么样,你都有了明确的预期。

[78]

期货交易创造了一个理性的市场，但是到 1636 年夏秋，最后残留的理性也从荷兰的郁金香市场消失了。投资者开始进行博傻游戏，而不是赌未来的价格，就是说，总会有一个下家向你支付更高的价钱来购买你手中的东西，尽管这些东西的价格已经完全与其内在价值脱节了。终于在 1637 年 2 月 5 日－2 月 6 日，在郁金香狂热发生的四年后，最后的傻瓜出现了。

通常来说，泡沫经济总是成堆地破裂，这也是其名称的来源，特别是在缺少强势的中央政权来缓冲时尤为如此。狂热创造了自己的逻辑，但当最后一个傻瓜进入市场时，每个人都突然意识到潜在风险之大已超过收益的可能，该是抽身而退的时候了。1637 年 2 月的尼德兰，郁金香的交易者开始疯狂地抽身。

据彼得·加伯估计，在 1637 年 1 月，一个 White Croonen 品种的郁金香价格上涨了 2600％，到 2 月的第一个周末，其价格相较最高值已经跌去了 95％。另一种叫作 Switsers 的普通郁金香，在 2 月 4 日到 2 月 9 日短短四天内跌去了 2/3 的价格。历史没有对那些付了高价的人进行补偿。记录显示，在 1637 年 2 月 5 日，一种叫作 Admiral Liefkens 的郁金香价格高达 2968 荷兰盾，在 85 年后的 1772 年，在公开市场上，Admiral Liefkens 售价仅为 0.2 荷兰盾。

对于尼德兰而言，泡沫的崩溃是灾难性的：那些通过分享致富机会和分散风险而得以发家致富的人在小小的花朵面前失态。他们学到没有风险就等于没有回报，但他们似乎忘记了，当最大的傻瓜出现时，风险太多也等于没有回报。

那些在最后一周价格上涨中购买了珍稀郁金香的人们发现得到的是毫无用处的财产。这就好像他们在流行的最后一天买了一个 24K 的金呼啦圈，但金呼啦圈熔化后至少还有价值。你能做的就是把它栽进土里然后欣赏短暂的花期。那些购买了普通郁金香期货合约的普通荷兰人也好不到哪里去，由于没

［79］

有更大的傻瓜来接盘,他们无法摆脱身上的债务。

地方政府也不愿意伸出援手。和 Brouse 的立场一致,政府认为期货合约即使不是邪恶的,至少道德上是不严格的,官员通常对此置之不理。哈勒姆倒是通过一项法令允许买家支付合约价格的 3.5% 来终结合同,但这些合约本身在法律上值得怀疑,因此很多买家根本不予执行。那些背负一身债务以期价格飞涨的卖家债务没有摆脱,但再无法解决这些债务了。那些在 2 月 5 日晚上睡觉前还做着暴富美梦的普通男女醒来后却发现自己身无分文,不得不拼命做工还债,而这样的人占了成年人总数的很大一部分。

三

对于市场道德家来说,郁金香狂热宛如一个盛大的集会。在恐慌过去以后的那些年,尼德兰充斥着警告高风险行为的小册子,督促人们将钱投到低风险、低收益的投资工具中去(这些小册子似乎,至少部分上是被那些低风险投资工具的领导者和受益人所支持)。在随后的几个世纪,当集体的歇斯底里驱动价格变得紊乱时,这种狂热就被频繁唤醒。即使是到了 20 世纪,伯纳德·巴鲁克①还积极游说关于 19 世纪郁金香恐慌历史的再版发行,以此教育投资者从众心理的弊端。

[80]

人类是精明、实际的。荷兰泡沫破裂后不到一个世纪,英国就见证了南海泡沫的破裂。在 1720 年的夏天,拥有几乎无用的英国与南美和太平洋贸易垄

---

① Bernard Baruch,美国金融投资家,被称为"在股市大崩溃前抛出的人"。——译者注

断权的南海公司的股票涨到 1000 英镑一股，到 12 月，价格下跌到 124 英镑。法国不甘人后，在同年更早时候，密西西比河谷的土地价格上涨到疯狂、难以为继的程度。两个世纪后，土地的泡沫还在膨大、破裂。公众的狂热使其变得荒谬。托马斯·沃尔夫的著名小说《无处还乡》中的主人公乔治·韦伯在大萧条的前夜被卷入房地产狂热中，书中的他当时正要回到代表着沃尔夫位于北卡罗来纳州艾斯维尔的家乡的小镇。现在，新的千年以像美国在线旅游这样的高技术公司股票在几个月里跌去 95％而开始。

在市场导向的社会里，人们可以将从郁金香、印象派画家的作品到 IPO 等任何商品的价格推动到荒谬的地步。价值毕竟最后是由时间和地点决定的，由人们所愿意支付的东西来决定，不是由值什么来决定。在 17 世纪一个相对较短的时间里，在一个叫作尼德兰的地方，建立市场的一些人决定郁金香的价值等同于纯金。 [81]

第五章

詹姆斯·瓦特和马修·博尔顿:从演进到革命

一

在 18 世纪末的几十年里,工业革命的爆发已经是万事俱备只欠东风了。农业产量激增,食品储藏能力和运输技术的改进,意味着普通人也可以住在远离基本粮食来源的地方,这在人类历史上是第一次。在西欧,城市人口开始急剧膨胀。伦敦的居住人口已接近百万,巴黎的人口在 18 世纪初就超过了 60 万。人口密度的迅速提高,意味着劳动力更加集中,而同样重要的是,集中的市场也开始形成。

正如我们已经看到的,银行业甚至整个金融业开始逐渐走向成熟,至少在资本结构方面已经和现今复杂的资本体系颇有几分相似了。阿姆斯特丹的股票交易中心已经矗立了近两个世纪。资本和资本结构都不是什么问题,制造设施也从未缺少。用"工厂"一词形容产品加工地可以追溯到 1618 年。而作为系统性工作和劳作意义上的"产业",则早在 1611 年前就已经出现在英语词汇中。简而言之,工人们已经适应了时间管理和重复劳动,这两者在即将到来的世纪中是如此根深蒂固大放异彩。

在西欧的所有国家中,英国是为变革做了最充分准备的国家。尽管法国丧

[85]

052

失了大量的帝国领土,但它仍然是欧洲最富裕的国家,拥有大额的资本。但是,英国拥有更完善的货币体系和更低的市场利率,这些都在国会的管辖之下。国会在很大程度上由商业巨头控制,因而往往赞同那些推动商业发展的法律法规。

英国爆发工业革命和技术革新方面的条件已经成熟,而欧洲其他国家在这方面却相对不成气候。与干燥气候相比,英国潮湿的空气使得丝线更加柔软并且不容易断,正是这种地理环境吸引了大量纺织品制造商在此聚集。但是,真正推动 18 世纪中期纺织工业迅速崛起的却是本土的技术创新。约翰·凯发明的飞梭,极大地提高了纺织的速度。30 年后的 1769 年,詹姆斯·哈格里夫斯发明了珍妮纺织机,意味着纺纱工人终于能够跟上织工的节奏了。

这幅图景里面还缺的是——让这种发展演进跃升为革命还需要一种价格低廉而又可靠的动力源,能够让机器短期内运转得更快,生产出更多的产品,因而市场需求能够迅速提升并被加以满足,最终能够实现规模经济。发现这种动力背后的是性格截然迥异的两个人极为意外的邂逅,以及这两人都很有智慧地看出对方能够让自己的梦想成真。

詹姆斯·瓦特是著名的"工业革命之父"。确实,他完善的蒸汽机,正是这[86]场革命的决定性发明。然而,如果没有马修·博尔顿,瓦特将在漫漫的历史中不断徘徊,过着类似于吉罗·格鲁斯的生活,无法将才华横溢的头脑运用于必要的生产实践中。瓦特需要与人合作,将他的天赋转化为产品,将产品带到可以赚钱的市场上。

马修·博尔顿几乎在历史上消失了。的确,如果没有詹姆斯·瓦特,他也只是一个在当时非常富有并且受人尊敬的商人,却不足以被后人世世代代所铭记。然而,正是马修·博尔顿发现了瓦特和他那奇妙的蒸汽装置,并且他几乎本能地就看出瓦特工作的潜能,因而博尔顿释放了瓦特的天才能力,而他们两人也都能从中获益。

要是马修·博尔顿和詹姆斯·瓦特从未相遇,工业革命当然也会发生——因为许多力量都指向相同的方向,不会迷失——然而,无从知晓工业革命会要推迟多久。但是,实际情况是瓦特和博尔顿相遇了,蒸汽机也产生出来了,与此同时,一些极为重要的事情也发生了:世界经济史上最重要的单一事件就此发生了。

二

1776 年 7 月 4 日,在费城召开的第一次大陆会议,通过了从英国脱离出来的《独立宣言》,全球财富和权力的历史从此改写。早在四个月前的 1776 年 3 月 8 日,一群人聚集在距离伦敦西北部 100 多英里的伯明翰,共同见证了一个机器的公开展示,而一旦这台机器升级成功,就将意味着人们能够独立于激流工作。从此,工厂不再囿于干旱和冰冻天气,也不需要将厂房建在河边或溪边。蒸汽形式的动能找上工厂的门,相反工厂不再一定要靠近动力源。那么,这种新动能释放出多少能量呢:即使是按照相对原始的蒸汽水泵的工作速率,它也近乎 100 个劳动力做的工作。所有见证这一时刻的人都没有预想到此刻的重要意义,而日后回想起这些时刻总是好像早有计划,然而历史上正是合适的那个人和正确的观念在一个绝佳契机上汇集在一起,于是就诞生了英国工业革命。

1776 年 3 月 8 日,詹姆斯·瓦特展示的机器与第一台蒸汽机在性能方面还相距甚远。而早在瓦特开始焊锅匠事业之前的 100 年,爱德华·萨默塞特就

[87]

已经生产了一个"空气动力引擎(atmospheric engine)"，这个机器对许多蒸汽动力基本原理的确立都有所助益。1698年，托马斯·萨弗里那个通常被视为是第一个实用的蒸汽机获得了专利，这台蒸汽机能够用于抽水。而此后的几十年，萨弗里的机器被广泛用于诸如抽取矿井地下水，为城镇供水，为工厂的水车提供动力等等。不久，托马斯·纽科门的机器取代了萨弗里的机器，这是第一个用上活塞和圆筒的蒸汽机。相应的，在18世纪的大部分时间里，纽科门的机器成了英国的标准。然而，萨弗里和纽科门的发动机存在同样的缺陷：两者均体积巨大(高达四层楼房)，一下子几乎都移动不了；而且由于它们的热能使用均异常缺乏效率，因而二者均浪费严重。为保持矿井干燥而用烧煤驱动这些机器，甚至让那些煤炭开采公司都感到难以承受。

詹姆斯·瓦特同时解决了这两个问题，他不仅提高了蒸汽机的动力，同时还极大提升了蒸汽机的效能，从而彻底改变了工业制造。然而，这些变革的发生，还需要环境条件的际会。 [88]

1736年1月19日，瓦特出生于苏格兰的格里诺克，他生来体质虚弱并且感情脆弱，一生都受到头痛的困扰。他的曾祖父托马斯，是勘测和航海方面的老师；他的父亲詹姆斯是造船工人，同时也是航海器械的制造商和供应商。瓦特工作严谨，追求完美。在前往伦敦之前，瓦特一直在他父亲的店里学习技术。19岁那年，他从学徒转为精密器械的制作工人。一年之后，瓦特回到了苏格兰，他被那里的学徒制和艰苦的生活条件彻底累垮了。在格拉斯哥，刚满20岁的瓦特试图通过成为器械制造商立足，然而，由于中途结束伦敦的学徒之旅，当地的同业公会就不再相信他这些东西了。

被同业公会拒绝后的一年，詹姆斯·瓦特迎来了他人生中第一次重大转折。对这个年轻人的天赋而不是证书更感兴趣的格拉斯哥大学，任命瓦特为大学的"数学仪器制造员"。此后不久,瓦特很快与格拉斯哥大学的一个化学讲师约瑟夫·布莱克,以及一个名叫约翰·罗宾逊的本科生成为密友。布莱克后来发明了潜伏热,而罗宾逊则成为爱丁堡大学自然哲学方面的一名杰出教授。而将这三个人汇聚到一起的力量,正是对彼此相互吸引的蒸汽能可能性的浓厚兴趣。

直到 1761 年,瓦特都是独自试验蒸汽机,但成效不大。1764 年,瓦特受命修理学校收藏的一个破旧机械部件:约翰·纽科门的蒸汽机模型。成功完成这项模型工作,不仅让瓦特全面熟悉了蒸汽引擎的部件构造,同时也让他深刻认识到对这台机器巨大的热能浪费。这个工作接着又指引他进一步推理出,蒸汽的凝结点应该越低越好,而蒸汽进入的汽缸的温度应该越高越好。以上两个方面的启发,让瓦特做出了一个天才式的举动,从而也造就了他的突破:利用一个独立的冷凝器,将蒸汽远离主汽缸分离保存。令人高兴的是,当时英国的冶金术也发展到这样的阶段,所生产的机器已经能够很好兼容达到瓦特设定的要求。而仅仅就在 5 年以前,瓦特设想的这种机器还没有人能够生产。

取得突破后不久,瓦特就离开了大学的雇佣岗位。1768 年,当设计完成了一个全新的蒸汽机,而在这台机器运行的成本为市场上任何一台蒸汽机的 1/3 之后,瓦特在格拉斯哥成了一个土木工程师。接下来那年,他获得了第一项专利,而几乎与此同时也迎来了他的第一个客户约翰·罗巴克。罗巴克是一个苏格兰的钢铁商,一下子购买力瓦特这项专利 2/3 的权益。对瓦特来说,这一刻仿佛如释重负。经过这些年心无旁骛的研究,瓦特最终造出了具有巨大市场影响力的蒸汽机,并且在罗巴克那里,瓦特找到了正好可以弥补他明显不具有的东西:商业嗅觉、专业融资和掌握市场动向的能力。

事实上,瓦特和罗巴克的组合并没有产生多大效益。瓦特一直不停地摆弄

[89]

自己的发明,罗巴克对此极为不满。他给这位发明家的信中曾经写道:"你让自己生命中的大部分时间都白白流逝了。"实际上,罗巴克也没有多少东西可以拿到台面上,他不仅没什么钱,而且还缺乏头脑。在高风险采矿业上的一项投资,让罗巴克陷入债务危机,而1773年的经济萧条则让他彻底完蛋。四年后,罗巴克与另一个人合伙了,而这个人彻底改变了全球经济,约翰·罗巴克也宣告破产。这是詹姆斯·瓦特一生中的第二次重大转折。 [90]

当一个名叫马修·博尔顿的伯明翰商人,从罗巴克那微薄的资产中抽取了似乎没人要的蒸汽机专利——詹姆斯·瓦特的智力资本,抵偿罗巴克欠下的债务时,瓦特一生中第三次也是最重要的一次转折就出现了。和罗巴克的结合,如果不说是地狱的话,那也离地狱不远了。然而,在博尔顿那里,瓦特找到了一生中的最佳拍档。而他们两则认为伯明翰正是最理想的城市,在这里可以让全世界都关注他们。

三

伯明翰之于工业革命,犹如佛罗伦萨之于文艺复兴。虽然按照英国标准衡量,它几乎还是全新的,一个戈德里克时代才刚刚出现的城市,但是有关早期重工业雏形的历史却是相当悠久。早在15世纪中叶,人们就知道有一个"金匠"住在这镇上。历史学家勒兰(Leland)在一份写于1538年的记述中,把伯明翰形容为:"一座有良好市场的城镇……许许多多的工匠……生产刀具和各式各样的器具,许多马具工匠们制作马勒,这里又有许多钉匠。"(马具工匠生产马勒和金属马镫,以及更一般的金属制件,正如名字所表明,钉匠们生产铁钉)在英国内战时期(1642—1649),伯明翰那些反对保皇党的工匠、铁匠和炼铁厂,为议会军生产了 15000 多把刀剑,同时拒绝给皇家军队提供制造服务。

[91] 金属业和机器制造业受到人们追捧的原因在于土地:当地盛产铁和煤。技术总有办法迁移到资源地,而当技术和所需物质均很富余时,产业就会落地生根。然而,仅有丰富的原材料和产业能力,还不足以爆发工业革命,只有当新技术力量与知识能力及观念的原始力量嫁接在一起时,这一切才可行;而到了 18 世纪的 60 年代,伯明翰在这些方面上都已经准备得很是充分了。

以伯明翰为根据地的月光社,将政权拥护者、商业领袖、科学家、医生和许多知识分子聚集在一起,这种情况在当时并不多见。在每月的月圆之夜,他们一起聚餐和交流,如果天气允许的话,他们就借着月光步行回家(月光社的名称由此而来,那些会员们也就称自己为:月光族〔Lunatics〕)。这个协会的聚会都是用于讨论当时重大的科学和哲学问题,这里面绝对没有业余的艺术家或抽象的学院派人士。就像许多扶轮社①成员都是门萨会②员一样,月光社也试图提升伯明翰和当地产品的形象,因为他们自己在许多情况下都能从中直接受益,也因为对许多人而言只有市场才是真正检验创意之所。

月光社成员中,约翰·巴斯克维利可能是当时最重要的印刷商,并且设计了一种非常漂亮的字体,现今仍旧值得称道;伊拉斯谟斯·达尔文(查尔斯·达尔文的祖父)是著名的科学家和诗人,也是 18 世纪末最重要的内科医生;理查德·洛弗尔·埃奇沃斯是著名的教育家,他的孙女玛丽·埃奇沃思因小说《缺席者》《拉克伦特城堡》《奥蒙德》而出名;约瑟夫·普里斯特利是当时另类的牧师(他在伯明 [92] 翰的新会教堂当联合牧师),他因发现氧元素而被载入史册;约翰·斯密顿和詹姆

---

① 扶轮社是以增进职业交流及提供社会服务为宗旨的社团。——译者注
② 门萨会是成立于 1946 年的国际性组织,以智商为唯一入会标准。——译者注

斯·瓦特的经历相似,他的第一份工作也是数学器具的制造商,后来在英格兰担任了土木工程师;乔赛亚·威基伍德是著名的陶艺家(威基伍德的女儿苏珊娜是伊拉斯谟斯·达尔文孙子——著名的查尔斯——的母亲)。

威廉·默尔多也是月光社成员。他作为首席发明家来到伯明翰,为马修·博尔顿和詹姆斯·瓦特工作,默尔多几乎想的比瓦特还要快。默尔多对于煤炭蒸馏物的实验,使得煤气得以广泛应用于照明。此外,他还很完美地利用压缩空气制造了机动蒸汽枪。而且,正如我们将要看到的,要是博尔顿和瓦特只听取默尔多的建议,那他们将会取得更大的成功。

月光社的成员还包括约翰·怀特赫斯特先生,当时英国最有名的钟表制造商;内科医生威廉·威瑟林,他由伊拉兹马斯·达尔文介绍加入月光社,伊拉兹马斯的私人医生兼朋友,也是月光社最早的成员威廉·斯莫尔(William Small)去世后(斯莫尔自己还是本杰明·富兰克林的挚友),为了治愈致命急症,威瑟林利用了治疗心脏病的吉卜赛常见药物——毛地黄,进而发现了洋地黄,后来这种药被广泛应用于治疗心脏病。据大家说,他也成为伦敦以外最富裕的英国内科医生。虽然在伯明翰不常出现,威廉·赫歇尔(William Herschel)爵士也是月光社的成员,而且是最有特点的成员之一。生于德国,赫歇尔18世纪60年代中期来到巴斯,从事风琴演奏家的工作,结果最终却是成为当时最著名的天文学家。赫歇尔创立了恒星天文学,并且首次从理论角度论证了火星两极有雪的痕迹,这一点和地球类似;此外,他还利用现今标准看来极为可笑的望远镜发现了天王星。

[93]

再有就是马修·博尔顿。作为企业家和实业家,如果用知识产出来衡量的话,他可能是成员中最没有成就的一个。当然,他对这个群体却是极为关键的:他和伊拉兹马斯·达尔文是发起人,群体聚餐都安排在他那宽敞的房子索霍公馆（Soho House）中进行。由于博尔顿生产的东西从纽扣到皮带扣、硬币、精美的装饰品等几乎什么都做，他也试图通过提高伯明翰和产品的形象，尽可能赚得更多。

和其他月光社成员一样，马修·博尔顿似乎对新事物也是情有独钟。坐落于 300 亩的景观花园中间，他那新古典式公馆被视为是 18 世纪末英国技术上最先进的房子。自从罗马军队溃败撤出英国以来，几乎从未听说过的中央加热系统，利用一整套网状管道，将地下锅炉散发的热气通过小孔传送到房间的各个角落，甚至在楼梯中也能感受到热气。而直到 1995 年，当伯明翰市政府重新修复了博尔顿的公寓（面积减少到一英亩）时，锅炉仍然可以使用。公馆的外立面，博尔顿是用一种新颖的带颜色的砂石覆盖，而即便是公馆不停扩建侧翼，也能够维持统一的外观。博尔顿还利用自己生产的纽扣填充石板的空隙，从而固定石板。此外，他还尝试用合金的窗框。博尔顿还是一位厨师，还喜欢为社团成员烹饪一道名为"伯明翰浓汤"的佳肴（除了其他配料，制作方法中提到需要"一只牛腿"）。

不停地更新完善以及几乎完全出于个人喜好的对新事物的热衷，使得他的房屋里填满了各式各样绚丽的物品，甚至还放了很多吸引人的食物，这让人一下子回想起蒙蒂塞洛的托马斯·杰斐逊，他建在半山腰的房子就在弗吉尼亚州夏洛茨维尔市的南边。的确，那个时代的创新精神，吸引了大洋两岸许多有远见的空想家。在月光社成员中，约瑟夫·普里斯特利（Joseph Priestley）强烈地站在拥护殖民地的那一边，并且在美国度过了他生命中的最后十年，而那时他的儿子们也已经在那定居。然而，虽然杰弗逊对类似于农业理想之类的东西极为着迷——他认为土地耕作高贵，马修·博尔顿却是信仰机器至上。博尔顿喜欢制造东西，几乎是任何东西，而他也有拥有制造这些东西的工厂。

[94]

马修·博尔顿从制造纽扣起家，受益于几次幸运的金融联姻之后，到和詹姆斯·瓦特相遇时，他经营了一个涉足广泛的联合企业：对高端产品丝毫不惧，对跨国生意的艰辛也不曾退缩。从 18 世纪中期开始，博尔顿已经在经营铜锌锡合金生意，并在国内和欧洲大陆售卖那些装裱华丽的仿金钟表盒。此外，博尔顿也从事贵金属银的买卖，还雇用了当时最有名的设计师包括罗伯特·亚当担纲设计。博尔顿的工厂还为博尔顿的月光社好友乔赛亚·威基伍德（Josiah Wedgwood）制造了浮雕宝石的金属外框（1769 年，威基伍德称博尔顿是"英国首屈一指的制造商"）。博尔顿还生产包括刀柄、鞋扣、表链等一切可以盈利的金属产品，这其中还包括铸币。博尔顿曾经对枢密院的要员抱怨他的铸币生意："非法伪造的半便士铜币数量不断攀升增加至前所未有的数量，公众因此蒙受了巨大损失。"博尔顿在推广自己的制品方面也是不遗余力。在 1771 年的个人物品拍卖之前，博尔顿的印刷信件覆盖了整个乡村地区，这已经颇有些现代直邮广告运动的样子了。

到 18 世纪 70 年代中期，当取得了詹姆斯·瓦特第一代蒸汽机的部分专利权之时，博尔顿已经拥有全英国最大最先进的制造工厂。他那著名的索霍（Soho）制造厂拥有几十台机器，雇用了 600 多名工人，这些都强烈预示着新时代的到来。博尔顿的许多产品都从流水线生产出来，这比亨利·福特的 T 型车从流水线下线早了 125 年。为了留住并保护熟练工人，博尔顿同样还为他们提供了一种早期形式的医疗保险。于是，这个人和他的工厂在那个时代异常出名也就再正常不过了。博尔顿的制造厂吸引了如此之多的参观者，以至于他还要给导游们排定时间，而他也希望借此进一步强化自身声誉并推广产品。1774 年，当塞缪尔·约翰逊（Samuel Johnson）参观工厂时，博尔顿对这位文学巨匠讲解道："先生，我现在卖的产品是全世界都渴望得到的东西——能量。"即使是

［95］

有些比喻的色彩,但却绝非夸夸其谈,马修·博尔顿矗立在伯明翰的工业中心,而伯明翰则是世界工业的中心。

詹姆斯·瓦特给博尔顿带来了另外一条生产线,也将是博尔顿最好的生产线。几乎就在获得瓦特蒸汽机专利权的同时,博尔顿立即成立了一家新公司——博尔顿和瓦特(Boulton & Watt)——专门生产发动机。在博尔顿的督促下(也可以说完全就是因为博尔顿的督促),慢条斯理的瓦特仅用了5个月的时间就完成了一台发动机,而此时英国的煤矿产业正到了一个生死攸关的紧要关头。因为挖煤工人将矿洞挖得越深,地下水涌现得就越多,而为确保工人和井下工作区干燥,所要花费的成本也就越高。由于纽科门的蒸汽机燃料损耗巨大,矿主们宁愿放弃他们的矿产。瓦特的发动机为他们提供了一个经济的方案,从而也挽救了整个行业。而随着产品和需求合在一块,煤矿产业振兴了起来,这样一来博尔顿和瓦特就开始尽其所能生产蒸汽驱动的水泵快速供给市场。到1783年,这两个人已经垄断了整个康沃尔郡的市场,这里拥有英国最丰富的煤矿资源。博尔顿和瓦特的蒸汽机所需的燃料只有纽科门的1/4,作为回报,他们公司在这些节省的费用中收取了1/3的份额。多年以来,詹姆斯·瓦特在格拉斯哥都过着贫穷的生活,如今转眼间,他成了富人。

就他自己那方面来说,博尔顿给了瓦特约翰·罗巴克曾经口头承诺的那些东西:真正的商业头脑、一种对机遇把握和产品推广的企业家式本能、属于英国最富有的那些人以及一副公众喜爱的形象。瓦特曾经把自己描述成:"在自己的领域之外几乎和其他人没有交集。"相反,热情开朗的博尔顿似乎总在和人在打交道。当博尔顿处理企业日常事务时,瓦特就私下摆弄他的发动机,摆弄那些他仍旧要做的东西。虽然,博尔顿和瓦特公司已经垄断了整个采矿市场,然而不论是他们的企业还是他们的发明天才,都还没有解决那个助推工业革命的根本性问题。

詹姆斯·瓦特的发动机是往复运动式的，只能上下移动。而加上所有那些改进设计，这种机器仍然只是一个水泵，也只能完成水泵能完成的事情——而从矿井抽水可能是 18 世纪末英国最盈利的事情了。马修·博尔顿想要转缸式发动机，可以转动东西。而在当时，即便在他那伟大的制造厂，也只能依靠水流和水车。

四

如果说一直到那小巧的蒸汽泵变成一个小巧发动机的那一刻，詹姆斯·瓦特和他那小巧蒸汽发动机的历史都相对清楚，那么真正实现这一转变的具体时刻就有些模糊了。在一些情形下，专利申请往往有助于澄清事件发生的前后顺序，在另一些情形下却具有反作用。在商业间谍活动和专利诉讼案件盛行的年代，为了打击仿造者，专利的详细说明往往规定的相对较为宽泛，而且往往较为模糊不清模棱两可（"我还是没法假惺惺地说，读了博尔顿和瓦特的说明书后，那些聪明又奇思妙想的工程师能够制造出什么样的机器"，就博尔顿和瓦特的蒸汽机专利申请，他们的一个竞争对手写道，"很可能他们能够设计出一个精致温暖的厕所"）。 [97]

当然，是博尔顿推动瓦特实现从上下往复运动到旋转运动这个飞跃，博尔顿对自己想要得到的东西从来不会却步。当然，瓦特也在持续不断地进行发明——他对此也从不止步。当然，实现瓦特机器的上下运动变为一个旋转运动这个重大转变，最初是源于"太阳和行星"咬合系统。然而，鲜为人知的是，威廉·默多克（William Murdoch）在这个重大转变中扮演了什么样的角色。作为一个技工的孩子，和瓦特一样，默多克也是一位发明家。1777 年，他步行了 250 英里来到伯明翰，就为了在索霍工厂找到一份工作。在胡乱摆弄和无休止的提问这点上，他的烦人之处真是像极了瓦特（瓦特曾经在一封信中抱怨默多克："他总是在所有事情准备就绪时，突然提出还存在另一种解决方式。"——可能这个例子说明他们俩其实是半斤八两，谁也别说谁）。但是，瓦特和博尔顿是老板，默尔多虽然被获准加入月光社，但他终究还只是一名工人。然而，现实当中，这些也都是无关紧要了。

有了转缸式发动机，博尔顿的工厂，尤其他的铸币厂，就不再需要依靠流水来驱动机器了；而当索霍工厂能够做到这些时，其他工厂也就迫切希望能够如此了。此后不久，博尔顿和瓦特的发动机为许多的铁厂、其他制造机构以及全英国最重要的纺机行业，提供了动力。这个国家，博尔顿曾经说道已经变为"蒸 [98] 汽疯"。一个小小的岛国从此踏上了成为世界上最强经济体的道路，博尔顿和瓦特也由此名利双收。自崭新的 19 世纪初开始，不仅文艺贵族前来拜访博尔顿，欧洲的贵族和贵妇们都纷至沓来。1802 年，当海军司令同时也是当时最伟大的国家英雄——纳尔逊勋爵来访问伯明翰时，索霍公馆就是他的第一站。

1800 年，两位创始人从博尔顿和瓦特公司退休，这对好朋友兼英国首富，将生意交给了他们的儿子。不足为奇的是，对瓦特而言，退休只不过是继续回到他一直在做的事情。晚年，他发明了用于制作透视图的机器和影印信件程序，还发明了蒸汽轮，他一直希望可以直接从蒸汽动力实现转动动作，而无须借助传动装置（最终他还是没有完成这项工作）。瓦特最后一件发明是他 83 岁时设计的一台用于复制雕塑的机器。博尔顿这边还是一直迎接那些身份显赫和充满好奇心的人来参观他的房子和工厂，一如他许多年前做的事情一样。热情好客是他的许多技能中的其中一项。1819 年，瓦特在伯明翰郊外的房产中逝

世,享年 83 岁;博尔顿早于 10 年前也在自己的房子中去世,离 81 岁生日只差
几天。

五

这两个朋友中,谁更伟大呢? 历史已经成功地做出了判定。由一群一流学
者负责编辑,由美国学术团体委员会(American Council of Learned Societies)
赞助出版的《科学传记字典》中,有关瓦特的词条里对博尔顿的描述只有寥寥数
笔。《英国百科全书》中介绍博尔顿的内容不到半卷,而瓦特却占了整整两大
卷。瓦特也成为许许多多启发青少年科学智力读物的主角。一定程度上,历史
是对的。所有伟大的新发明和创造都源于伟大的新构想。

伦敦国际股票交易所的前任主席,同时也是研究博尔顿和他的贡献的长篇
传记作者尼古拉斯·古德森则持不同意见。他对《机构投资者》杂志说道:"赞
美发明家瓦特,而不是企业家博尔顿,是典型的英国式做法和英国文化。"即便
不诉诸英国文化之微妙,尼古拉斯的想法也有一定道理。如果没有人将伟大的
新构想运用于实际生产,并让全世界使用者认同该产品的话,它仍旧还只是一
个想法而已。对詹姆斯·瓦特来说,这个人就是马修·博尔顿。

然而,更大的问题可能还是历史从一开始就没有将这两个人断然地分开
来。就像他们成立的公司"博尔顿和瓦特"一样,他们总是被符号"&"连接在一
起。如果没有企业家博尔顿的叽叽喳喳和活力,以及将技术转化为应用的长远
眼光,詹姆斯·瓦特只能是空有一个将水从地底抽出的想法,这也不可能成为
史料了。正是博尔顿推动了瓦特不断向前,是他促使瓦特思考如何将往复运动
改良为旋转运动,是他促进瓦特实现了由理论向实际的转化。无法改变瓦特与

[99]

生俱来的悲观主义,博尔顿就用他的乐观精神影响着瓦特。以上这些都是支持博尔顿的证据。然而,如果没有瓦特的发明智慧,利用现有的技术并向前一跃,马修·博尔顿也没有终极产品来实践他的企业家才能和商业技能。他是一个寻找动因的狂热分子。瓦特身上最令人无法忍受的一根筋和一味地坚持,也是他最为宝贵的品质;而正如所需要的产品一样,博尔顿似乎与生俱来能够理解瓦特。合伙关系的演进中,他们俩可谓是成功的典范。尽管,分开他们可能也[100] 能过得下去,但是合起来他们改变了整个世界,即便不是那么的彻底。

　　1784 年,博尔顿第一次正式提议瓦特设计一台蒸汽机,能够为车辆提供动力。索霍制造厂的另一位合伙人威廉·默多克把这个建议放心上了①。默多克"跟我提到了一项新计划,可以确信他已经对此很上心了,但是他担心你嘲笑他而不敢告诉你",博尔顿在给瓦特的信中写道,"这东西就相当于一辆奔跑的车子搭载着一个蒸汽机。"结果证明,和所有伟大的领袖一样,博尔顿实在了解他的搭档:默多克继续设计着他的机动小型发动机,瓦特对此完全不感兴趣,他还告诉博尔顿:"这些车子能派上用场的概率微乎其微。"

　　蒸汽机为火车提供动力,这从根本上改变了英国乃至整个欧洲的交通运输系统。大洋彼岸,它甚至将整个大陆连在了一起。但是,这些发明创造都是其[101] 他人的事情了。

---

　　① 默多克于 1783 年造出一台用蒸汽做动力的车子,到 1814 年,工程师斯蒂芬森造出一台在铁轨上行驶的蒸汽机车,正式发明了火车。——译者注

第六章
横跨大陆的铁路:流氓和空想家

一

让我们把目光投向 1860 年的美国地图。不久,美国内战将要改变这幅图景。从战争开始到结束,南方和北方将近有 50 万的美国人在战争中或战争前后死亡。大约 1/60 的人在战争开始之前还活着,等到这场战争结束时他们都已死去。如果这场悲剧没有发生的话,美国地图的轮廓应该还是我们很熟识的样子。自从 1853 年的哥斯登购买计划后,美国绵延的边境线就没有变过。最后一次大规模的领土扩张发生在 7 年后,美国从俄罗斯那购得阿拉斯加。

不仅边境疆域固定不变,从东海岸到密西西比河,美国人口迅速增长。波士顿建成已经将近两个半世纪,费城的历史也差不多那么长。到 17 世纪 80 年代中期,费城大约有 600 幢房屋,其中大多数都是用砖建成。大约一个世纪后,当大陆议会在此召开时,费城的人口已经达到了 4 万。往南,1860 年的查尔斯顿港可以说是全国最大的都会人口的聚集地,拥有美国最大的犹太社区。作为这些主要城市中心群中的后起之秀,纽约市大步向前遥遥领先于其他中心城市。1850 年,纽约市人口超过了 50 万,而现今这个数字还在不断增加。芝加哥虽然只有 3 万人口,但是,凭借位于密歇根湖边的优越地理位置,它成为美国

[105]

最大的铁路枢纽中心。美国 11 个州，包括伊利诺伊州、印第安纳州、肯塔基州、密苏里州等，人口都超过了 100 万。虽然奴隶和公民权利矛盾依然撕裂着这个国家，但这至少促使美国人开始思考他们自己的国家以及这一切意味着什么。

大陆的另一边，人们的生活同样熙熙攘攘。1850 年的 7 月，500 艘幽灵船挤进旧金山海湾，然而却被忙于到传奇的内陆支流中淘金的船员们遗弃在一旁。直到 1860 年，这场淘金潮才结束，而那些从中获利不菲的勘探者和商人继续在此流连忘返。1850 年的人口普查结果显示，加州的人口达到了 92597 人，此后的十年，加州人口急剧膨胀，到 1860 年，这个数字翻了四倍，已经将近 380000 人。内战初期，旧金山就已经拥有报纸、杂志、剧院和图书馆。当人们回到美国东部时，这座城市正以大步迈向成熟精致而声名远播。然而，前提是人们可以到这来，而这就是问题的关键。

那时的图景显示，美国东部的发展程度已经接近成熟，而西海岸则四处遍布着新能源，两者中间可以说没有阻隔，然而确实又是天各一方。当时的地图制作者普遍将密西西比河和加州山脉之间的广阔区域指称为美国大沙漠地带。其中最壮观的大峡谷，他们根本无须在地图上标注：直到 1869 年 8 月，一个参加过内战的独臂老兵约翰·卫斯理·鲍威尔将生死置之度外，从科罗拉多河穿越大峡谷，在此之前还没有任何一位欧裔美国人尝试界定大峡谷的地理范围。

[106]　　然而，问题不在于交通运输能力有限，而在于距离和地域限制。直到 1829 年，英国人乔治·斯蒂芬逊的 Rocket 机车才证明了蒸汽机车能够以较低的成本，提供可靠的大型货物运输，为居民出行和商品运输提供了便利。突然间，工业革命遇上了车轮和火车。1830 年，美国第一辆蒸汽机车在查尔斯顿投入日常运行。30 年后，长达 3 万米，如蜘蛛网状的轨道穿越东部到达密西西比河，有些时候还穿过密西西比河。1854 年，芝加哥通往岩岛的铁路开通，这是一条

连接芝加哥和密西西比河、也是第一条横跨河流的铁路。在下游，早在1852年，机车已经成为密西西比河太平洋沿线交通运输的一部分，这条线路距离圣路易斯西部只有5英里。到1859年，汉尼拔和圣约瑟夫的铁路铺到了密西西比河。然而，这也就是早期铁路能够到达的最远的地方了。这前面还有将近2000英里的草原、炙热的沙漠和被深沟峻岭割断的群山，而这些地方正位于那些时刻准备着为维护部落领土完整誓死抵抗的印第安人的保护范围之内。

当铁马踏过那壮丽而又令人畏惧的广袤无垠的疆域时，美国的两大经济区就连在了一起，创造出一个世界上前所未有的强大帝国。此时，美国大部分产粮区正备耕待种，洛矶山脉储藏着全世界最丰富的矿产资源。虽然，马拉车可以从国家的一边穿越到另一边，轮船可以环绕好望角运送货物和乘客，还可以借助尼加拉瓜和巴拿马的港口，实现横跨大洋的货物运输。但是，马车的容量太小，而且这两种运输方式速度都太慢。只有火车可以大量运送乘客和供给，输出谷物、银器、木材、石油等。东西部连在一起以后，随着时间流逝，能够孕育出新市场，从而出现大量的新市场。这时，需要的不再是发动机而是轨道，以及愿意在轨道上营运的有进取心的人们。 [107]

二

横贯大陆的铁路是19世纪的阿波罗计划，这是历史上少有的几个时刻，发明和技术似乎和人们的目标正好契合。国家荣誉正处于一个极为重要的关口，国民热情及其他一些东西正在不断膨胀：就像人类首次登陆月球时那样，这条铁路征服了一个未知的世界，并在一个未曾被人类所知晓的空间留下了一个最初的足迹。1869年5月10日，在犹他州的突顶山，人们见证了最后一枚用银和金镀成的铆钉被敲下的那一刻。虽然，只有在场的人才能看到整个过程，但是，电报将这次事件传播到了每一个角落。这个消息让美国人情绪高涨，如同大约 100 年后的 1969 年 7 月 20 日，听到内尔·阿姆斯特朗（Neil Armstrong）在月球上迈出"人类那巨大的一步"的心情。

将这两条铁路线在突顶山汇合花费了 6 年时间和 20 亿美元，相当于联邦政府在这几年收入的 10％，而且还不包括在内战期间的巨额支出。数以千计的工人在那些危险地带从事这项工作，工作条件极为恶劣，在这过程中 100 多名工人献上了生命。然而，尽管条件艰苦，甚至有时会发生事故，工人们仍然拼命赶工。在铁路完工的那一刻，这场工作看起来还像是一场芭蕾舞剧：

[108]"今天下午，华盛顿时间 2 点 20 分，奥马哈市的电报局通知所有电报局准备接收信号，收听最后一颗铆钉被敲击卯入到将纽约和旧金山连接在一起的最后那节铁轨上的声音。"《华盛顿明星晚报》（*Washington Evening Star*）在 1869 年 5 月 10 日的头版对此进行了报道。

> 据廷克（Tinker）先生说，华盛顿 W.U. 电报局（就在宾夕法尼亚州 14 号大街转角处）的经理已经在该公司公共办公区摆放了一个电磁响铃，并把它连接到主线上，告诉其他所有电报局他已经准备好了。新奥尔良立刻回应，电铃随即发出响声，"已经准备好"，纽约也一样。下午 2 点 27 分，美国所有电报局开始询问奥马哈的各类相关消息，奥马哈回应道："所有人，保持安静。而当在突顶山敲下最后一枚铆钉的那一刻，他们将会回答说'完工'。这过程中不要拔下电源，并请注意接收铁锤敲打的信号。"

就在奥马哈市让大家保持安静时，突顶山电报局开始播报一条条事件消息，根据《华盛顿明星晚报》的报道：

"即将准备好，"犹他州发出了消息："脱帽，祷告即将开始。"接着是祷告静默时间，2点40分钟，当钟声再次响起，突顶山电报局发出消息："我们已经完成了祷告。将要敲下铆钉。"

芝加哥回应道："收到，东部一切就绪。"

普瑞蒙特瑞："现在一切就绪。将敲下最后一枚铆钉。当开始敲打钟声时，信号将变为三个点。"在那一刻，乐器保持安静，接着，钟声响起，信号逐渐由一变为二，再变为三！停顿了几妙，闪电在东面闪烁，波及范围超过2400米，在两条公路的连接点和华盛顿之间的区域。当铁锤敲下铆钉的那一刻，信号立刻被电报机传递。下午2点47分，普瑞蒙特瑞收到信号，"完工"，横贯大陆的铁路开通。

[109]

在纽约，1869年5月11日的《时代》杂志报道了这个消息——当敲下最后一枚铆钉的那一刻，"大炮发出隆隆的巨响，教堂的钟声悠扬，人们沉浸在这项伟大工程完工的无限喜悦当中，这不仅只是一个国家的成功，整个文明世界都将由此直接受益"。费城独立会堂的钟声记录了这个历史性的时刻，而美国也正是从这钟声中站立了起来。尽管，芝加哥的人口不多，但他们立即自发组成了一支长达7英里的游行队伍。在加州，着急的司礼神父没注意到最后时刻完工时间出现了短暂延迟，继续按原计划完成庆典活动。在旧金山，通过电报发出的"完工"信号从城市街道一直传到尖兵堡（Fort Point），15寸的加农炮开始发炮庆祝。在萨克拉曼多，就在犹他州敲下最后一枚铆钉的那一刻，中央太平洋23号机车鸣笛15分钟。

在突顶山，用庆典的钝银锤敲下最后一枚镀金铆钉的工作，由两条铁路选出的代表来完成。连接萨克拉曼多，穿越内华达山脉，通过落基山脉的南方铁路，以中央太平洋的董事长利兰·斯坦福（Lelend Stanford）为代表，他曾两次当选为加州州长。北方铁路那边站着的是托马斯·C.杜兰特医生，他是联合太平洋的副董事长，在他的推动下，这条铁轨从内布拉斯加的奥马哈市开始往西延伸了1000多英里。而就在几天前，杜兰特"医生"——他喜欢"医生"这个称谓，即使他都已经有几十年都没有当过眼科医生了——还被他自己的工人绑架，或者当时故事是这么说的。

就在电报局发出"完工"信号时，先是斯坦福狠狠敲击了一下，接着是杜兰特完成了这项工作，而横跨大西洋和太平洋的大陆也第一次通过铁路实现了贯通。不久后，联合太平洋该项目的首席工程师格伦维尔·M.道奇（Grenville M. Dodge），从突顶山给国防部长约翰·M.劳林打了电报："……今天就在这里，最后一段铁路完工。距离密苏里河1086英里，萨克拉曼多690英里。这项伟大的工程始于林肯时期，经历了大叛乱，完成于实现和平的格兰特时期。"

这天晚些时候，《华盛顿明星晚报》发表了一篇社论，向它的读者宣称："今天，1869年5月10日，见证了一个事件的发生，这是本世纪最重要的事件，它对这个国家乃至全人类即刻及未来影响深远，终将永载史册。"

"我们唯有祝贺那些富有进取心和自由精神的人们，他们完成了一项如此有用又如此伟大的工程，我们也要祝贺这个国家，从此可以得享长存的果实，"这篇社论总结道，"这还真是一项罕见的令人愉悦的任务。"

事实上，但愿事情是这么简单。毋庸置疑，从历史上看无论是对于美国还是整个世界，它都是19世纪最重要的成就之一。但是，就其中涉及的主要人和事来说，《华盛顿晚报》的故事包装让事情变得面目全非了。在铁路修建和竣工背后站着一系列性格各异的流氓人物。事实表明，大胆的任务需要大胆的人，横贯大陆铁路修建中则涌现出一大批这样的人。

横贯大陆铁路的故事，始于地理，终于贪婪和利润。19世纪中期，美国还

是政治上分裂的国家:气候、土壤、移民、经济利益、奴隶制度,所有这些都加剧 [111]
了南北的分歧。但是,美国自身的广袤也使其在地域上很是分立:密西西比河
以东的大部分地区在英国殖民化统治下成长了起来;西海岸则矗立着第二个美
国,以前一直在西班牙的治管下,现在才开始实现英语化,而这一切很大程度上
要归功于那些 1849 年淘金潮涌入加州的勘探者和一些东部人的影响。直到中
间这些区块能够连接在一起,并有人开始在上面定居以前,美国也还只是名义
上统一在了一起,而不论政治诉求如何。

　　跨越大陆分水岭并将整块大陆连在一块,将会让一些人变得极为富有,而
变富正是这些人进入这个项目的首要考虑因素。然而,在此之前有的是贪婪和
理想主义。从 19 世纪 40 年代开始,民族主义者兼空想家阿萨·惠特尼(Asa
Whitney),就一直呼吁推动修建横贯大陆的铁路,差不多就在那个时间点,美
国铁路的伟大时代开始降临。在惠特尼和其他人的煽动下,在第一条横跨大陆
的铁轨开始铺设之前,美国国会就这个问题讨论了近 20 年。

　　铁路空想家们碰到的最大阻力一直都是政治。北方支持者设想了一条始
于芝加哥,穿越达科他州,通往西部的路线,这为东北部中心城市的工业发展和
人们出行提供了最大便利。南方支持者希望亚特兰大作为东部的终点站,途经
艾奇逊、托皮卡和圣达菲。中间路线的支持者是密苏里参议院议员托马斯·哈
特·本顿(他的同名侄子是著名的艺术家),他支持始于奥马哈,经过内布拉斯
加的普拉特河山谷线路。

　　直到 1862 年,用于修建铁路的联邦贷款最终在议会获得通过,南方独立论
者对这项决议没有话语权和投票权。而从另一个角度来说,是内战推动了这项 [112]
计划,就像是一个世纪后的冷战为开通州际高速公路提供了合理性支撑一样:
与其说横贯大陆的铁路仅仅是为了服务于定居和商业,还不如说这条铁路现在

对国防安全异常关键，它能够确保部队和给养的快速运输。当资金情况确定下来，要对剩下这些可能的路线进行选择时，亚伯拉罕·林肯支持托马斯的中间路线，铁路从此开始了它的西部之旅（林肯在艾奥瓦州的康瑟尔布拉夫斯市拥有多处房产，从奥马哈横跨密苏里河，他这个选择也很细心地照顾到了自己的利益）。

当时，反对铁路从萨克拉曼多通往东部的最大障碍，也被另外一些同样有横贯大陆铁路梦的人扫除了，他们打败了那些阴谋家们。西奥多·朱达（Theodore Judah）生于康涅狄格州，在移民到加州之前，他在纽约接受过土木工程师的培训。日复一日，朱达在内华达山谷中徒步跋涉，直到有一天他在群山中一个最为臭名昭著的地域找到一个最佳的通行解决方案：唐纳山口，1846—1847年那个严寒的冬季，一群试图抵达加利福尼亚的定居者们，在此饱受饥饿侵扰后同类相食。

此后不久，西奥多·朱达在一次邂逅科利斯·亨廷顿（Collis Huntington）的场合，跟他提起了这条路线及其未来的价值。而有了那个路线后，原来那多么看似不着边际的理想主义，再也不是仅仅停留于纸面了。

同样出生于康涅狄格州，科利斯·亨廷顿在纽约长大，对赚钱很有天赋。他年轻时曾经做过手推车销售员，也在淘金潮时期来到美国西部，但是他并没有去淘黄金，而是把淘金所需的铁铲卖给他们，从中获取了更为稳定的巨额利润。1861年，他和马克·霍普金斯在萨克拉曼多开了一家五金勘探用的器具店。而当某一天西奥多·朱达踱进这家店里时，科利斯·亨廷顿一眼就看出这是一个机会。

他和霍普金斯还找来了另外两个搭档：利兰·斯坦福和查尔斯·克罗克。利兰·斯坦福过去在东部的时候曾经做过律师但却失败了，后来他和兄长在离亨廷顿店铺几个街区的地方合伙经营杂货批发生意;而1849年,查尔斯·克罗克曾经到西部寻找黄金,结果也是以失败告终,之后他在萨克拉曼多开了一家干货店。这四个人聚到了一起,合伙投资24000美元成立了中央太平洋铁路公司,开始了他们的财富之旅——而这将是一个怎样的财富旅程啊。

最终,科利斯·亨廷顿的财富增加到大约7000万美元,但他不仅只是投资铁路,还从事木材、煤矿、轮船和南加州的房地产生意。当然,铁路还是他财富的根源,也是他的最爱。到19世纪90年代中期,亨廷顿已经可以全程搭乘他自己的火车,从位于旧金山诺布山的寓所一路抵达弗吉尼亚的纽波特纽斯,那里也是他的另一项罕有人关照的投资——切萨皮克—俄亥俄州铁路的终点。晚年,他在纽约的阿迪郎达克山买了一处夏令营基地,他还为此修建了一条长达26英里的铁路,以便于从他那位于曼哈顿第五大道的寓所来到这里。后来,他的继承人可以将这笔财富用于资助那个享有盛誉的位于加州圣马力诺市的亨廷顿图书馆。

亨廷顿的第一位搭档马克·霍普金斯最早去世,死于1878年。此前不久,他们夫妻还在诺布山建造了一幢公寓,寓所中一个画室模仿了总督府(Palace of the Doges)的会客室,餐厅可容纳60人,主卧室用镶有象牙的黑檀木作为装饰材料。今天,坐落于相同位置的马克·霍普金斯酒店,就是因袭了霍普金斯的名字。 [114]

诺布山的另一个住户是——利兰·斯坦福,他和霍普金斯的公寓相邻,也留下了更多可以长久保存的遗产。斯坦福是19世纪70年代加州街道有轨列车(有轨电车的前身,现今仍旧在为旧金山的游客们增添着乐趣)的主要赞助商。他在美国参议院任职8年,直到1893年逝世。另外,他还以他那15岁去世的儿子的名字命名创立了斯坦福大学,公共事务上的慷慨至少一定程度上也为在那时候还不大出名的他博得了好名声(在他作为中央太平洋公司创立者的那段辉煌时期,四大巨头,奥斯卡·路易斯注意到,早在 1894 年,亚瑟·麦克尤恩就建议在斯坦福大学的拱门上应该刻上:"向上帝致歉")。

查尔斯·克罗克也在诺布山建造了公寓,选用红杉木做材料,并建有 76 英尺的观光塔,总耗资 125 万美元。和亨廷顿一样,他的投资领域也很广泛,包括煤矿、银行、房地产,和圣华金山谷的灌溉业。此外,克罗克活跃于商界和政界,在利兰·斯坦福担任加州州长期间,他的哥哥是加州最高法院的首席法官。在中央太平洋公司发展初期,他比其他几位投入了更多时间,并且他也一直参与管理。由于一直的体重超标和健康问题,1888 年 8 月,他因糖尿病而昏迷,最终死在德尔蒙特新开的度假酒店,正是在他的敦促下铁路才在不久前竣工。据说,他的房产价值 4000 万美元。

[115]

然而,财富的获取,需要花费时间并努力工作。在遭到旧金山,这座他们最终将征服的城市利兰·斯坦福即将担任州长的加州议会拒绝财政支持后,这些中央太平洋的新合伙人们,开始转向美国国会,这地方最有能力为他们铺设开通东部的铁路提供所需数百万美元的资金支持。在 1862 年的华盛顿,他们为这次挑战做了精心的准备。1856 年的辉格党①遭遇失败后,他们每个人在共和党内都拥有支持者,在共和党当政的早些年,霍普金斯、斯坦福和克罗克都曾在地方或州政府任职。1860 年,共和党成立四年后,共和党人成功选出了他们自己的第一任总统——亚伯拉罕·林肯,诞生于废奴氛围中的共和党与当时这种冒险精神尤为契合。而在西奥多·朱达那里,这帮人不仅是大胆的思想家,同

---

① 辉格党,成立于 1834 年。1854 年,辉格党与北部民主党和其他反奴隶的派别联合组建共和党。1856 年,民主党人入主白宫,意图使奴隶制推向全国。——译者注

时还将工程师式的缜密融入商业游说中。

在与亨廷顿关系密切的新任加州议员艾伦·萨金特的帮助下,朱达被任命为参议院考察铁路法案委员会的秘书。不久,他又多担任了众议院一个相关子委员会的办事员,众议院这个委员会的办事员专门负责管账。到这时候,他实际上已经撰写了大部分他所鼓吹的那些立法。即便是国家防御需要和南方铁路线拥护者们自愿让步的情况下,这场争论也持续了很久,并遭到了强烈的反对。然而,就在 1862 年 7 月 1 日,林肯签署了关于修建横跨大陆的铁路法案,并且任命中央太平洋公司修建西起萨克拉曼多的铁路,联合太平洋公司修建东至奥马哈的铁路。两家公司被授予了极为宝贵的权利,包括可以通过的所有联邦土地,可以获得 30 年期利率为 6％的政府贷款,以及根据地形每英里轨道最高可获得 4.8 万美元的贷款。

[116]

"我们已经舞动了大象,"这项法案签署的第一时间,西奥多·朱达给旧金山发回了电报。"接下来就看看是否能够给他套上轭具了。"

然而,这项任务大部分还是落到了其他人身上。1863 年 10 月,乘坐圣路易斯轮船从旧金山回到东海岸时,朱达在横跨巴拿马的途中感染了黄热病。不到两周,他就去世了,还不到 38 岁。无论如何,朱达没有活到目睹那些人在完成他所帮助启动的这项工作中所展现的贪婪了。

三

对中央太平洋铁路来说,亨廷顿是个精力极为充沛的人。他曾经走遍了东部的每一块土地,为了拿到更多的铁轨,他与铸造厂谈判;和早年经常做的一样,当资金出现紧张时,他又去逼银行家们;为了获得更多贷款,他造访国会议员,当其他方法都失效后,他甚至选择了贿赂。对联合太平洋公司来说,托马斯·C.杜兰特也是类似的人物。

为了能够取得从奥马哈向西铁路的铺设授权,他和中央太平洋一样下功夫游说。和中央太平洋类似,他也向国会写信表达自己的意见。(当时对国会议员们来说,火车通行免费似乎已经是个标准议题,而且他们当中的许多人,比如很有实力的宾夕法尼亚州的参议院议员赛迪斯·史蒂文斯〔Thaddeus Ste-vens〕,他有一个铁器铸造厂,任何事件都会对他们的既有利益造成影响)。不论怎样,亨廷顿和他的团队似乎还残存一些道德良心,或者至少还是关心历史将会如何评价他们。而这两方面杜兰特基本都不在意了。

名义上,他是联合太平洋公司的副董事长,但是,公司内外都知道他就是联合太平洋。对那些为他工作的员工来说,杜兰特就是一个暴君。据说,他的管理模式,就是连续发布指令,这其中许多都带有侮辱成分,并且经常要求员工立即完成一些几乎不可能完成的工作。他经常不能或者说不想及时支付员工薪水,但他还胁迫员工继续工作。当员工拒绝接受时,他就会以立即解雇作为要挟。

当然,对于托马斯·杜兰特自己而言,他是乐善好施的精神领袖,而美国动产信贷公司事件则是再好不过的例子了。获得修建铁路的特权后,杜兰特从一家法国公司手中买来部分的商标权,成立了动产信贷公司,并将其转化为一家独立的建筑公司,接着将整个建造工作外包给这家设立的公司,接着又让这家公司根据工作业绩向联合太平洋收取极高的费率报酬。

在19世纪80年代中后期,亨廷顿每晚都在思考如何再获得几百万美元,用于偿还中央太平洋公司的高额债务。和科利斯·亨廷顿一样,许多时候托马斯上床前都很明白联合太平洋公司实际上已经名存实亡。然而,正是托马斯推动了公司的破产,而且动产信贷公司为他这样做提供了便利:当形势严峻时,他可以通过议会将缩水的股份换成硬通货。于是，无论联合太平洋公司的财政状况如何，动产信贷公司都将迅速发展。

这项工作还是得做下去。从亚伯拉罕·林肯签署铁路法案到中央太平洋公司开始铺设轨道，中间过去了整整15个月多——普遍调查需要完成，工人和管理人员都得雇佣起来，铁轨货源要稳固到位。而到中央太平洋公司铺设完第一段55英里的轨道时，时间又过去了两年。西奥多·朱达的线路是正确无疑，但是仍旧意味着要挖掘众多隧道，穿越内达华山脉坚硬的岩石层来铺设铁路路基。 ［118］

另外，劳工也是一个问题。加州那些身体健壮的工人，在挖矿及其他营生中都可以获得高得多的工资报酬。为了填补空缺，中央太平洋公司将目光投向了中国，最终从广东省引进了12000名工人。事实上，一半以上的工人都是十几岁的青少年，铺设铁轨每月的薪水是30美元。大多数时候，随着铁轨的向前延伸，他们就在铁路沿线搭棚休息，在严寒的冬天，这还真不是件容易的事情。

"当下大雪时，他们通常住在下面，"《帝国快车》(Empire Express)的作者大卫·霍华德·贝恩(David Haward Bain)对电视记者布莱恩·兰姆说道，"他们就在雪下挖出整条地道，一住就是几个月。"

令人惊讶的是，他们的给养很有保障，史蒂芬·安布罗斯在横贯大陆的铁路历史一书——《世上绝无仅有》(Nothing Like It in the World)中写道。这些广东劳工吃着许多他们家乡的美食，包括有牡蛎、墨鱼、竹笋、海带、蘑菇和其他一些美味食物，这些东西的干货都来自旧金山的中国商家。不像那些美国土生土长的同仁，这些广东人经常洗澡，虽然他们星期天会吸些鸦片，但他们绝大多数都不喝酒。白人劳工们似乎"有恐水症，他们都尽量不去碰水"，一个曾经见过工人生活的评论家写道："而那些广东劳工们则习惯了每天接受全身洗浴。"

美国西部边远地带的工事已完成,因此可供联合太平洋公司使用的劳工很多。爱尔兰移民承担了早期的大部分工作,在内战临近结束时,许多身强力壮的老兵也加入了这个队伍。直到抵达落基山脉,联合太平洋的工人们都没有遭遇挑战他们竞争对手的那种地形——他们铺设铁轨的速度要快得多,每英里的支出也要少得多——但他们却也为平原上炙热的夏日高温、刺骨的严冬狂风并且很容易受到印第安人的攻击,付出了代价。不论哪一方,每一英里都来之不易。

[119]

1866 年,这两条铁路雇佣的劳动力数量已经位居全美第一,在薪水账册中记录的就有 20000 人。到 1868 年中,联合太平洋公司已经穿过了落基山脉,并且迅速穿过了怀俄明州。4 月份,该铁路已经穿过 8242 英尺高的谢尔曼山峰,这是横跨大陆的铁路修建中两家公司征服的最高山峰。此后不久,联合太平洋公司借助一条长达 700 英尺的木质桥梁,将铁轨铺设在距溪流河床 126 英尺的上空,从而穿越了达利克利(Dale Creek)峡谷,这也是 19 世纪最为伟大的工程创举之一,而且完成的还极为飞速。

内华达往西,查尔斯·克罗克公开宣称,他的工作人员 1868 年平均每天将要铺设 1 英里,而他们基本上是做到了,只少了 3 英里。现在,那些铁路工人住到了沿铁轨滚动向前的货车车厢里。对两家铁路公司而言,首当其冲的是很大部分的铁路运输都要穿过犹他州杨·伯翰①那繁盛的摩门教徒社区。一旦铁路开通,这地方将到处挤满欧裔定居者。为维护好中央太平洋的资产,那年秋天和冬天的大部分时间,利兰·斯坦福都待在盐湖城向杨献殷勤。到 1869 年

---

① 杨·伯翰,摩门教领袖,被任命为犹他州州长。——译者注

年初，他们已经互称对方为"伯翰"和"利兰"。

1869 年 4 月 10 日，在距离奥格登 6 英里、犹他州山脉中一处名叫普瑞蒙特瑞的荒凉山峰处，政府终于给两家公司设定了一个交汇点。大约 6 年的劳动时间，超过 1600 英里的里程，总共只剩下不到 100 英里，工人们开始争分夺秒地赶工。回过头来看，这还真是令人震惊的壮举：即便是要用炸药爆破岩石区来铺设路基，工人们每天也能铺设 10 英里。当然，并不是所有事情都做妥当了——中央太平洋公司的工人留下了一些不可思议的 Z 字形铁轨，这给后来的铁路工人和铁路大亨们带来了不少麻烦，但是这项工作最终还是完成了。美国太渴望将东西海岸连接在一起而无法再磨磨蹭蹭了。

1869 年 5 月 10 日，距离普瑞蒙特瑞汇合点设定已经过了整整一个月，这一天极度寒冷，水也结冻成了冰。利兰·斯坦福和马克·霍普金斯来到这里，作为中央太平洋公司的代表（根据奥斯卡·路易斯的描述，科林斯·亨廷顿后来说斯坦福对横贯大陆的铁路的贡献，只不过是铲了第一铲土，卯了最后一根钉，而意外的是最初一下摆锤还失准了）。联合太平洋一方的托马斯·杜兰特也来到了这里，他刚被释放付了 253000 美元赎金，而不是最初绑匪要求的 250 万美元（最佳猜想——显然这也和他的性格相符——可能是杜兰特为弄到一笔资金支付给承包商，自己设计了绑架案，而这个人也必须保证杜兰特的那份利润）。杜兰特第一下摆锤同样也没敲中，这很大程度上是为了逗乐那些将铁路轨道最终汇合在一起的中国和爱尔兰劳工。两家公司的其他大人物也顺序抢起了他们的摆锤，往往都把钉子弄斜了，最后是首席工程师完成这项工作，整块大陆通过钢铁延展连接在了一起。官员们在杜兰特那辆闪闪发光的普式轿车中略作休整恢复后，赶在午宴之前也上了一下斯坦福的汽车。他们在做这些事情的同时，代表各自铁路公司的两列机车，小心翼翼地移动向前，火车头前面的

排障器轻轻触碰了一下以纪念这个重要的时刻(布雷特·哈特〔Bret Harte〕在

[121] 《陆路月刊》〔*Overland Monthly*〕中调侃道:"驾驶员的对碰——头碰头")。

在托马斯·杜兰特的车上,联合太平洋公司的首席工程师格伦维尔·道奇(Grenville Dodge)写好了歌颂亚伯拉罕·林肯的文章,简洁且感人。在林肯任期内,铁路始建于"大叛乱之中"。道奇也将这篇文章送给他自己的朋友和战争时期的长官——尤利塞斯·格兰特,正是他实现了"战争和平"。道奇一直是西奥多·朱达的对手:正如朱达发现了通过内华达山峰的唐纳山口路线,体格强壮的道奇也发现了让联合太平洋公司穿过落基山脉的路线。道奇的经历对他的帮助很大,不仅仅对于规划轨道路线。几年后,运用自身对于新开发的美国西部的了解,他逃离了法院传票送达人员从得克萨斯州到圣路易斯的追捕。道奇到艾奥瓦州改名为弗特·道奇(Fort Dodge),他生命的最后几年一直住在艾奥瓦的康瑟尔·布拉夫斯的一处维多利亚式的宅邸中。据说,他是全州首富,但是就像所有与横贯大陆的铁路相关联的人一样,他的名誉也被动产信贷公司丑闻败坏殆尽。当那项伟大的工程在进展中时,人们还可能从这个事情上转移开注意力,然而一旦尘埃落定以后,这些就很难逃过人们的注意了。

国会也深陷丑闻。动产信贷公司的股票成了一张白纸。为了撇清关系,立法者安排了一系列的听证会,理论上将他们自己内部该受到惩罚的成员绳之以法。很明显这种听证会将会出现怎样的结果,《纽约太阳报》以嘲讽的标题报道了整个诉讼:"审判无辜。"事实也不完全如此。这条铁路修建时,斯凯勒·科尔法克斯(Schuyler Colfax)还是白宫的发言人,其后他继续又担任了格朗特的副总统。听证会中表现差强人意的两名国会议员被问责,其中就有奥克斯·埃姆

[122] 斯(Oakes Ames),他很久以前就给他的同事们提供了动产信贷公司极低折价的股票。

作为美国动产信贷公司的元老，多克·杜兰特虽然逃脱了法律诉讼，但是历史同样是没饶过他。为了消除 1873 年接连一系列银行倒闭所引发的金融危机带来的影响，杜兰特试图通过开发阿迪朗达克山脉的铁和木材资源以实现反弹，但最终这项计划还是以失败而告终。1885 年，杜兰特在那儿去世，距离他有幸敲下普瑞蒙特瑞汇合点那最后一枚铆钉已经过了 16 年，人们已经几乎将他淡忘，他也不再富有了。

四

伟大的法案来自非凡的眼光，而不必然来自伟大或品德高尚的人。然而，无论那些修建横贯大陆铁路的人们是怎样欺骗了美国，她（美国）从中得到了成千上万倍的回报：美国的交通由此永远改变了。在突顶山汇合点敲下最后一枚铆钉的那一天，富国银行利用即将完工的铁路便利，在《纽约时报》上信誓旦旦地宣称："从密西西比河到太平洋只需要 7 天。"仅仅需要坐一天的马车。不久后，你们可以在一周内从纽约来到西海岸。通过铁路而不是马车，他们的身后可以带上来自世界各地的东西。他们以前能这样吗？

在 1862 年通过铁路法案到 1880 年美国人口普查的 18 年内，加州的人口增加了 128％，达到 865000。而 1860 年到 1870 年这 10 年间，内布拉斯加的人口增加了 3 倍多，内华达增加了 6 倍。1870 年，科罗拉多州拥有 4 万居民；到 1880 年，人口增至将近 20 万。杨·伯翰同样也是对的：沙漠中的土地变成了 [123] 犹他州，在两段铁路最终汇合于当地的 11 年后，人口翻了将近一番。

然而，增长的不仅仅只是人口。铁路生铁路，美国国内战争前，半个国家大小的东部特色铁路网，也从此开始遍布全国。1869 年，全美国铺设的铁路里程数是 4000 多英里,而 3 年后的 1872 年,一年铺设铁路将近 7500 英里。加总起来,1870 年铁路营运里程大约为 53000 英里,10 年后铁路营运里程超过了93000 英里,整整是 20 年前的 3 倍。人们开垦了新土地用栅栏围了起来,也开采了山上丰富的矿产资源,火车则把粮食、畜产和矿石运回了东部。在那里,轮船将这些出口货物运往铁路修建时曾借来许多钱的旧世界。

同样,不仅仅只是火车、铁路和商业在扩张,人们的态度观念也在延展。美国一直都是一个承诺广袤开放空间的地方。现在,广袤开放空间变得前所未有的接近了,也更容易抵达了。那些征服大洲的科林斯·亨廷顿、马克·霍普金斯、利兰·斯坦福、查尔斯·克罗克以及托马斯·杜兰特等人认定:只要够狠,[124] 人就能到达他野心所向往的至远的地方。

第七章

约翰·皮尔庞特·摩根:美国巨头

一

随着立国百年的日子逐渐逼近,美国已经准备大肆庆祝。南北战争结束也有十多年了。七年前,东西海岸已经被铁路连接在了一起,为经济扩张的触角向美国西部延伸打开了大门。六年多的时间里,另外三条铁路——北太平洋线、南太平洋线、圣达菲线——将太平洋联盟跟中太平洋连接在了一起,为中西部、西部海岸提供了交通服务。虽然没有多少正式的权利,美国的黑人们至少还是自由的。万恶的奴隶制已经开始从这片大陆上被连根拔起。经过1873年经济危机以及随后的经济衰退的双重冲击后,商业经济即将再次进入繁荣发展阶段。

内战期间,政府支出为东北部地区带来了快速的发展。现在,这种好时机将要铺向全国。石油投机商们涌入宾夕法尼亚州西部和俄亥俄州。煤矿正在以人力和机器所能及的速度被开采出来。银矿和金矿开进了科罗拉多州,也布满了整个落基山脉和周边地区。随着产品市场的不断扩张和运输工具的发展, [127] 生产者们开始扩大产量。1869年的一份政府报告写道:

五年内,越来越多的棉纺锭子运转了起来,越来越多的铁炉树立了起来，越来越多的铁被熔炼，制成了越来越多的铁条和铁制品，开采的煤和铜矿越来越多，越来越多的木材砍伐了出来，建造出越来越多的房屋和商店，出现了越来越多各种各样的制造商，提炼和出口的石油数量越来越多，远远超过历史上的任何一个时期。

事实上，盛宴才刚刚开始。正如工业革命以来的那样，科学进步与人类经济繁荣似乎一直在齐头并进。安得鲁·卡耐基宣称："铸造钢铁中 90％ 的不确定性，在化学知识的烘烤下早已消失殆尽。"很快，由钢铁铸造而成的铁路，将成为铸造钢铁的矿石的主要传输工具，也将成为成品产出的主要运送者和产品的主要消费者：这就是双方无休止的共生共荣的一种标准模式。

1876 年 7 月 4 日以及随后的数周，全国上下通过聚会欢庆百年建国华诞，人们汇集到了那些开国元勋们曾聚集开启这项大胆的资本主义民主制度实验的城市。正如这 100 年来美国的崛起，坐落于费城的百年纪念展览馆的规模同样宏大。为了这次庆祝，人们把 256 英亩的费尔蒙特公园用围栏围了起来。那些资助人——1000 万的顾客到了现场，占到国家人口的 1/4，每人支付了 50 美分穿过那 13 道门，每一道门代表了一个原初的殖民地。这里面还有 190 个独立的建筑物，总共占地 50 英亩。仅仅主建筑物就已经长达中央车站（Grand Central Station）的三倍，过道总长度达到 11.5 英里。步行参观完整个展览馆，从一个建筑物到另一个建筑物，穿越所有过道，意味着要磨破相当于行走了 25 英里的鞋子。对那些感到劳累的顾客，附近有一条环绕的窄轨铁路。法国为纪念馆中的艺术展捐献了 700 幅画，英国的维多利亚女王送来了她为妇女馆展示所织的毛巾。在机械大厅的中央矗立着一对 2500 马力的科利斯引擎（Corliss engine），高达 40 多英尺，重达 600 多吨，能将纪念馆内 8000 多件物品在馆中摆放起来。

[128]

总而言之，百年展览馆描绘了一幅国家步入强大的图景。然而大西洋彼岸，截然不同的一幕画面正在上演。为持续增长，美国经济需要资本投资。而对于欧洲的大部分投资者而言，欧洲仍然坐拥绝大部分的财富。18世纪中叶至18世纪末的新世界，似乎更接近当今的第三世界，充满了难以估量的机会也伴随着巨大的风险。受美国动产信贷公司和其他丑闻的影响，美国商人的名声普遍被认为不大可靠，许多时候都过于唯利是图。美国自身也负债缠身，深受南北战争所花费成本的影响。由于没有类似当今的联邦储备系统，美国银行也存在固有的不稳定性，深受周期性恐慌、银行挤兑、通货膨胀和经济衰退之苦。

投资向来少不了危险，除非投资者有理由相信他们金钱所委托的人的正直与智慧，否则他们是不大可能会掏出钱包的。正如科西莫·德·美第奇于四个世纪前所揭示的，声誉很重要。19世纪后期，皮尔庞特·摩根在美国金融界的声誉无人能出其右。对朋友和敌人而言，他就像"朱庇特"——天空的统治者，最大的巨头。从未在政府机关有过任何头衔，J. P. 摩根却控制着自欧洲到美国的大规模资本运作；从未制造过一件物品，但他协助创建了现代工业经济体系。在他的晚年，他甚至仅凭他一己之力，挽救了纽约股票交易所。 ［129］

二

在所有有关他的作品中，约翰·皮尔庞特·摩根都一直拒绝被概念化。他是美国新教圣公会的教徒，是公益事业的重要支持者。在生活中，他资助出版了新版《教会祈祷书》等——1892年他自己就给教会捐献了50万美元。他自己阅读圣经，了解教会政策。最后，他以一个众所周知的愿望重申了自己的虔诚（和自信）："我将我的灵魂交予救世主的手中，并充分相信他将以最宝贵的血液救赎和洗涤灵魂,他将会在我的天父面前给予洗礼……"1913 年 3 月,摩根在罗马开罗因身染重疾去世,罗马教皇亲自对摩根去世表示了沉痛的哀悼。然而,即使他是金钱之神,"朱庇特"摩根也绝非圣人。

他的第一任妻子是阿米莉亚·斯特奇斯,一个富有的纽约商人和艺术品主顾的女儿。1875 年,年方 20 的他们在纽约坠入爱河。四年之后,他们在女方父母家的会客厅内结婚。然而那时,阿米莉亚已经病重到摩根必须抱着她到圣坛边的地步。在巴黎,她的情况最终被确诊为肺结核,摩根每天必须抱着她上下楼梯七趟,这样她才能过着正常生活,但所有这一切都无济于事。婚后四个月,阿米莉亚·斯特奇斯——总体而言是一个活泼、聪明的女人——去世了。在某些方面,摩根的传记作者吉恩·施特劳斯(Jean Strouse)说道,他一直都没有恢复过来。三年后,就在林肯刚被暗杀之后,摩根与弗朗西斯·路易斯·特蕾西(Frances Louisa Tracy)结为了连理。然而,他们这个组合似乎从来就没有发挥出什么作用。他喜欢热闹、喜欢城市和努力工作,也喜欢处于生活舞台中央所带来的种种特殊待遇。随着财富不停积累增加,他成了重要的艺术品主顾。然而,她却想要一种静谧的郊区生活,而且她对艺术品也不大感兴趣。

[130]

直到摩根去世,他们一直保持着婚姻关系。但是大概到 1880 年左右,正如弗朗西斯所知的,摩根经常为他自己和范尼(Fanny)之间预留很大的生活空间。他在欧洲度过春天和夏天,而当他回来时,范尼将带着一个女儿,一名司机,一名他们付费资助去欧洲的朋友。在纽约及其他地方,如果传言可信的话,除了那些偶尔出现的女孩和出现频率略高的,还有许多情妇围在他身边。摩根资助了 100 万美元在纽约成立了 Lying Inn 妇产科医院,此后每年还捐献 10 万美元给这家医院。有关他的慷慨解囊,一个合乎逻辑的解释是审查设施的产科医生是摩根最好的朋友,但是那些风言风语的人称这家医院的主要工作,就是处理好摩根情妇们的怀孕问题。

正如一直说的那样,权力是一副强有力的壮阳药。摩根有强大的权力,非常富有,也很有魅力。伟大摄影师爱德华·史泰钦(Edward Steichen)说,凝视摩根的眼睛就像注视着迎面开来的机车车头灯。史泰钦称,如果你不让开,这将很可怕。一名认识摩根的女性告诉吉恩·施特劳斯(Jean Strouse),当摩根"步入一个房间时,你将会感觉被电到。他就像一个国王,他就是一个国王"。

摩根颇有飞扬跋扈之名,并且常常能弄些东西来证明这一点。他收藏了价值数千万美元的艺术品,拥有位于麦迪逊大道的宅邸和购于 1880 年的曼哈顿 36 号大街的住宅,而他的隔壁就是查尔斯·麦金(Charles McKim)在 20 世纪早期为他设计用来藏书的图书馆。他还在哈德逊河畔的克雷格顿(Cragston)建有乡村房舍,拥有可能是最昂贵的快艇,接送他往来于城镇与乡村以及州与州之间。他们均被称为海盗船(Corsair),且一个比一个大。1882 年,他购买了第一艘海盗船,183 英尺长。而当杰·古尔德(Jay Gould)和詹姆斯·戈登·贝内特(James Gordon Bennet)带着更长的快艇出现时,摩根已经卖了第一艘海盗船,并开始建造第二艘,长达 241 英尺。当它被征用于美西战争(the Spanish-American War)时,他制造的第三艘快艇长度超过了 280 英尺——近乎相当于一个足球场那么长。

[131]

然而,就生活高质量和贵族而言,虽然摩根也很有贵族气质,但是在更多方面他更像一个知识界精英而非单纯的贵族。他不停地寻找一些有能力、有意思、有原创性的人,当他发现这些人时,他会资助他们去做最擅长的事,无论他们的背景如何。不仅有能力帮助困难的人,他同时也了解资质情况,并给予相应的指导。

他的图书管理员贝尔·格林(Belle Greene),曾远赴欧洲各国寻找可以购买的新东西。贝尔似乎得到摩根的绝对信任，于是也就有"贝尔·格林人"一说了。吉恩·施特劳斯在创作《美国金融家摩根》(*Morgan：American Financier*)时发现，格林的父亲是毕业于哈佛大学的第一个黑人。格林看上去像是白人，但施特劳斯怀疑摩根已经知晓格林的种族背景，但是他并没有放在心上：一旦发现人才，他就会全力支持他。当托马斯·爱迪生从位于下曼哈顿城的珍珠街电站开始输出电力供给其顾客时，第一个通电的地方——时间正好是 1882 年9 月 4 日下午 3 点——正是皮尔庞特·摩根在华尔街的办公室，这一切并非偶然。作为詹姆斯·瓦特和马修·博尔顿的结合体，爱迪生既有发明天赋又有企业家才干，而摩根则是慧眼识英雄。

[132]

摩根是他所在时代的最伟大的金融家，也是美国最重要的公众人物之一。总统也向他请教。在他频繁的欧洲之行中，他与贵族和女伴们结伴而行。在国内，每当他从华尔街 23 号的办公室穿过街头，几乎没有一次不引起阵阵欢呼的。他也很腼腆，与他的商业伙伴在一起时不善言谈；私下里，他甚至有些故作神秘；每次碰到时，都会觉得他极为反复无常。

"他出名的话不多，只有是或否"，小说家约翰·多斯·帕索斯(John Dos Passons)在他的《一九一九》(*Nineteen -Nineteen*)这样写道："他会当着来访者的面爆发起来，而且还有他那著名的手势，意味着——我能从中得到什么？"

小时候的朱庇特(Jupiter)体弱多病，曾患有癫痫、喉咙痛和头痛症。在十来岁时，他饱受严重痤疮的困扰，这很大程度上预示着在以后几年内，鼻瘤将对他的鼻子产生影响。十五岁时，他独自一人被送至亚尔苏群岛(Azores)，治好了风湿热，然而孤独似乎引发了伴随了他一生的抑郁。成年后，摩根的许多决定推动市场发展，彻底改变了工业面貌，但是即便对他那些亲信挚友来说，他这些决策的机制仍旧是个谜。他的一位合伙人称："他是一个不太可能会与人交流的人，最与人接近的方式就是一两次偶尔的叨咕。"一位亲密的朋友描述他为"非常强调直觉和本能，他不会坐下来，理性地分析问题，或者即使他会，他也不会告诉你"。当事情进展非常艰难时，摩根会躲到自己的办公室，带上两副牌，玩一种名为 Mrs. Milliken 的双层纸牌游戏。在某种程度上，在不断重复放置和移动纸牌的过程中，答案会自然而然显现，而且往往都是些很伟大有创见的答案。

[133]

他曾三次协助拯救了美国乃至全球经济，分别是 1873 年、1893 年的经济危机，以及 1907 年的华尔街危机。这三次救助进一步稳固了他的地位和声誉，并让世人更愿意将他们的资财委托给摩根。"战争与股票交易中的恐慌、银行破产、战争贷款为摩根大通的创建，营造了良好的氛围，"多斯·帕索斯如此写道，但事情从来不是那么简单。

三

他并不是误打误撞地进入了银行业。他的父亲，朱尼厄斯·斯潘塞·摩根（Junius Spencer Morgan）是一个非常成功的商人，其办公室设在康涅狄格州的哈特福德——1873 年，皮尔庞特出生于此——后来搬至波士顿。尽管朱尼厄斯·摩根有更大的野心，他希望在美国创造出像欧洲的罗斯柴尔德家族和巴林兄弟（the Rothschilds and Baring brothers）那样的家族：不仅是个强大的银行家，并且渗透全球的银行事业，深入美国工业的角角落落。这一切正是朱尼厄斯·摩根 1854 年在伦敦给自己设定的终极目标：他要成为欧洲财富向新世界转移的搬运者。罗斯柴尔德家族错失了这个历史性机遇，他们只用一个代理商处理他们在美国的业务。巴林家族也未能大举进军美国市场：那个地方投资的潜在高回报率通常也伴随着不可接受的高风险。朱尼厄斯·摩根不能错失这时机,他的儿子约翰·皮尔庞特也是如此,他向欧洲投资者提供所有他们需要的保证,确保他们输送往大洋彼岸的金钱都放在安全负责任的人的手上。为做出这样的保证,他首先是教导他儿子所有正确的态度。

第一课是拒绝投机性投资。朱尼厄斯·摩根似乎从来不吝于对儿子的批评,他用报复教会了他这一点。当皮尔特冒险购入了五份太平洋购物中心和轮船公司的股份时,朱尼厄斯·摩根对皮尔庞特尖叫道:"你怎么如此鲁莽疯狂?"当儿子违背父亲的意愿持有股份,并最终由于亏损而不得不卖掉时,得到的教训是被遣送回家。

[134]

第二课是来自于第一课,一个喜爱投机的人,不能将资金委托于他,因为最终信托是建于性格和声誉基础之上。在生命的最后一年,摩根接受对国家经济生活过度控制的调查。朱庇特在众议院作证时,将这条教训转告给众议院。他告诉众议院委员会的成员们:信用根本上并非基于金钱和财产,"最重要的是人格品质,这是金钱所买不到的……一个我不信任的人,再怎么对着基督头骨发誓都不能从我这取得金钱"。

从以上这两条中,也就可以延伸出其他所有东西了:为了值得信赖,你必须小心谨慎,小心谨慎意味着要加以控制,为了能够实现有效的控制,必须集中资金。将这三条融会贯通,就可以得到一个著名的摩根化过程。

最先被摩根化的是铁路。1867 年,当 J.P. 摩根 30 岁时,铁路进入了最辉煌的增长阶段,因而也是一个最需要投资资本的阶段。铁路也是最终巩固和连接四处分散的美国经济的关键。没有铁路,就不会有全国性市场,也就不会有一种及时有效的经济方式将原材料、制造商和消费者关联起来。铁路也亟须朱尼厄斯·摩根所掌控的商业银行,以及他儿子所能充分提供的人格品质、声誉

和正直廉洁。美国动产信贷公司是 19 世纪 30 年代以来的一系列铁路欺诈案件的唯一投机商。 [135]

为筹措铁路建设所需的资金,摩根银行主要通过伦敦办事处,向欧洲投资者出售债券。为保证债券持有者不受损失,摩根银行在美国对铁路建设过程进行了认真的监督,债券正是以铁路建设之名发放的。如果一个公司破产了,朱庇特·摩根自身将进入该公司——行使信托责任——解雇那些不称职的人,聘请新经理,重组公司,重构财政,最终任命新的董事会,通常加入那些理解他的意愿的人,也能够将他的意愿顺利转化的人。

与此同时,铁路建设中表现相对较差的公司没法吸引到新资本,因为不能得到 J. P. 摩根的信任而被驱逐出这个行业。正是这些情况的出现,曾经以野蛮、自掘墙角式竞争著称的行业,开始慢慢集中到少数几个实体,其中好几个是摩根亲自改组的:例如,巴尔的摩—俄亥俄铁路公司以及北太平洋铁路公司。一旦冲突威胁到他所创建的整体和谐环境,摩根自己就会亲自介入恢复和平。其中最为著名的就是在盛产煤炭的宾夕法尼亚州,宾夕法尼亚铁路和煤炭生产商们的冲突。因此,摩根银行的影响遍布整个铁路行业:从新世纪开始,摩根从财务上控制了将近 5000 公里的铁路。因而,信任摩根银行的投资者也因他们的忠心而得到了回报:集中调控意味着资本可以用于再生产,而非浪费在无止境的抵御竞争中。于是,(摩根)银行的权力影响成几何级数增长。 [136]

适用于铁路的这些东西,同样适合于刚刚起步的电力工业、农业设施、钢铁和通信行业。J. P. 摩根去世近一个世纪后,他的深远影响仍旧遍布纽约证券交易所。托马斯·阿尔瓦·爱迪生第一次点亮了摩根在华尔街的办公室后的 10 年,摩根凑足了创建通用电气所需的资本。通用电气也是 1896 年第一次发布的道琼斯工业平均指数迄今的唯一组成,而且 100 年过后仍旧是平均指数的一部分。国际收割机公司（International Harvester）以及 AT&T（美国电话电报公司），也都紧紧跟随摩根设立的准则，都强调集中调控，消除毁灭式竞争。1901 年，摩根创设了一个辛迪加财团，用 4.8 亿美元向安德鲁·卡耐基购买了他的钢铁公司，这桩交易中卡耐基自己获得了 2.4 亿美元。接着，卡耐基钢铁公司成为摩根工业领域创立的最大手笔——美国钢铁公司，第一个资产超过 10 亿美元的大公司，并且在接下来的几十年里雄踞工业巨头宝座。

　　随着生意越做越大，公司名称也在不断简化。1857 年事业刚起步的时候，公司名叫纽约城的邓肯—谢尔曼（Duncan-Sherman）公司，接着是乔治·皮博迪公司（George Peabody & Co.），自那以后改为以其父亲名字命名的公司：J. S. 摩根。1864 年，J. S. 摩根又变成达布尼摩根公司（Dabney，Morgan， & Co.），随后又变为德雷克赛尔摩根公司（Drexel，Morgan， & Co.）。1895 年，公司名字就简单称为 J. P. Morgan——一个以巨人之名命名的庞然大物。

　　正如摩根在塑造现代工业经济中所扮演的重要角色一样，他更重要的遗产在于平息了数场会周期性席卷美国的金融危机。摩根出生于安德鲁·杰克逊（Andrew Jackson）执政的第二个任期内，正值"老山胡桃"①成功解散美国第二银行之时。摩根去世后的 8 个月不到，美国联邦储备体系创立了起来——它的创立很大程度上是因为公众有感于摩根对美国经济生活的巨大影响。在这两者之间，在摩根大部分生命时段中，除了摩根，美国没有其他的中央银行。

　　约翰·肯尼思·加尔布雷思②（John Kenneth Galbraith）曾指出，整个 19 世纪的美国，经济危机大概每 20 年发生一次，刚好是公众忘记上一次危机的时

[137]

---

　　① "老山胡桃"，杰克逊的绰号。——译者注
　　② 约翰·肯尼思·加尔布雷思，美国经济学家，新制度学派的主要代表人物。——译者注

间长度。1873年经济危机的导火索是费城银行业的领头羊——杰伊·库克银行的倒闭,库克本身是经济过热和欧洲形势恶化的牺牲品,而当时的欧洲对美国的金融业仍旧存在强大的影响。20年后的1893年,经济危机再次来袭,正值格罗弗·克利夫兰(Grover Cleveland)开始他的第二个任期。此次危机可以归咎于麦金利关税法案(McKinley tariff)实施所引致的国外贸易急剧下降,以及私人部门高企的债务负担,招致了一次漫长的经济衰退,但是其起因却是任何人都能读懂的一个数字:联邦财政中的黄金储备。假设基线为1亿美元,这个数目是确保政府那些必须用黄金偿还的必要支付。而当1893年4月21日储备低于这条线时,经济恐慌就发生了,并持续了两年多,导致银行和企业倒闭,整个国家深陷衰退之中。

摩根在扭转1873年的经济恐慌中发挥了举足轻重的作用,他安排了债券发行,让联邦政府得以偿还其金融债务。而20年过去了,格罗弗·克利夫兰同样求助于他,并将他视为美国唯一一个有能力重塑公众信心的人物。

约翰·多斯·帕索斯这样描述这个时刻:

在1893年的经济危机中,摩根拯救了美国财政,却几乎分毫未取。黄金外流、国家破产,农民呼吁回到银本位,格罗弗·克利夫兰及其内阁在白官的蓝色办公室里踱步,没法做出任何决定。而当他们在国会做演讲时,黄金储备在各个国库分库慢慢消逝。穷人们正在挨饿,考克西的失业请愿军正在向华盛顿进发。在很长的一段时间里,格罗弗·克利夫兰都无法召集到华尔街的金融家;而摩根正坐在自己在阿灵顿(Arlington)的办公室里,抽着雪茄安静地玩着单人纸牌;直到最后,总统派人来请他时,他已经准备好了一套终止黄金外流的计划。 [138]

之后就都按摩根说的办了。

摩根的计划,既高度简便,又能够衡量出他和他所创立的机构在国民经济处于十字路口时能发挥多么彻底的作用。作为美国实际上的最终贷款人,1895年摩根银行借给美国财政部价值 6200 万美元的黄金。加上财政部还剩下的 3800 万美元的黄金储备,美国再次拥有了 1 亿美元的黄金储备。有了这些以后,公众信心再次树立了起来,经济恐慌结束。然而这次教训同平常一样慢慢沉淀了下来。10 年过后,国家又再次徘徊在破产的边缘。

四

1907 年 10 月,在弗吉尼亚州里士满附近召开的宗教大会上,70 岁的摩根沉浸在他心爱的圣公会教堂中。而此时,一系列的电报都发到他的办公室。处于股票价格下行的压力下,一些著名的经纪公司都不得不被迫歇业。最糟糕的危急情况威胁着华尔街以及证券交易所,除非这个趋势能够得到逆转。国会上,保守派议员就这些问题正在痛斥泰迪·罗斯福(Teddy Roosevel):他们声称,他取缔垄断和过度监管,导致大企业都濒临破产。在摩根银行那里,许多它曾经协助创立的大企业,都遭受到罗斯福的打击,一个更为深远而又直接的事实是:如果那些著名的经纪公司在危机中消亡,大量的小型企业就会兴起。一旦这个事情发生,小型企业泛滥将又出现。股市将崩盘,国民经济也将随之崩溃。

用现在的术语来讲,这个状况几乎肯定是可控的。联邦储备委员会、财政部部长和总统都有一些宏观和微观经济工具即刻能够派上用场,而这对于当时那个跨世纪时期的经济学家和政治领袖们而言几乎无法想象。而且证券交易市场自己也有刹车措施,能够在甩卖恐慌中谋得喘息空间。然而,和 1893 年到

[139]

1895年一样,1907年可能仅存在一种解决方法,且完全是政府以外的解决方案。而这将是最后一次,J.P.摩根前来拯救。

摩根一直等到那周末的教会聚会结束,然后才赶晚上的车次,乘坐私人火车回到纽约。他被告知,鲁莽行事可能会吓倒已经风声鹤唳的市场。他在自己的图书馆度过了周日,周围是他的商业伙伴及助理们。到周一,纽约的金融区陷入一片混乱。数千人聚集街头,试图从银行取出现金。经理们指导出纳员以慢节奏清点,但是这种乏味的拖延只能加剧危机。当各地银行从纽约撤回自己的储备时,经济恐慌进一步扩大了,危险进一步蔓延。摩根回城不到一周,纽约市的官员们找到了他,带来的消息是纽约市已经发不出工资,已经不得不于下周一宣布破产。为避免这种可能的发生,他拿出了1亿美元的商业银行贷款,但这并没有帮到华尔街。

[140]

在近三周时间里,摩根团队评估了金融机构,并确定哪些金融机构应该任由它倒闭,而哪些强大且经营良好的金融机构值得给予帮助。对于后者,他和其他金融家筹集了数亿美元作为支持,这里面也包括来自摩根10多年前救助过的美国财政部的贷款。随着恐慌的持续恶化,摩根开始变得极为疲惫。当纽约证券交易所的管理者们穿过大街来到摩根办公室时,他几乎三天没吃东西了,并患上了严重的感冒,他们告诉他交易所将关闭。摩根摇摇头作为回应,他说:关闭证券交易所,将导致更大范围的衰退。相反,他把纽约的一群银行家们召集到他的图书馆——这些人手上持有华尔街生存所需的金钱——并向他们提出了一个尖锐的提议:"在10分钟之内我们需要筹集2000万美元。"摩根说:"否则证券交易所不得不倒闭。"为了进一步加重他的提议,据说摩根锁上了图书馆的门,并声称只有筹集到足够的钱大伙才可以离开。对于其他人来说,这可能是一种恐吓,但是对J.P.摩根来说,这就是真的。因为40多年来,摩根的信誉和性格都摆在那里。银行行长们投降了,1907 年的经济恐慌进入了转折点并逐渐结束。

随着救市信息传遍证券交易所,摩根甚至都可以听到了街对面的轰鸣声。场内交易员对这个强大而又令人害怕的朱庇特报以热烈的掌声。

如果不进行施救的话,对 J. P. 摩根及其公司而言,他们可能还有其他机会可以去援助国家。摩根的儿子,小 J. P. 摩根 1913 年牵头了一个辛迪加财团,筹集了 1 亿美元维护了纽约市的信用。第一次世界大战期间,协约国通过这家公司借了将近 19 亿美元,事后摩根公司又张罗了近 17 亿美元贷款用于欧洲的重建。然而,对于朱庇特自己而言,1907 年的经济危机已经是最后的欢呼了。

[141]

"曾经一度,他被视为国家英雄,"传记作者吉恩·施特劳斯对一个记者说道,"当他步入华尔街时,庆祝声蜂拥而来,世界政治领袖、银行家们也纷纷来电报表示祝贺,对他能有如此成就表示敬意。但随后,一个民主国家立即被一个人能拥有如此强大的权力这个想法所吓着了。"

与其将命运交给一个国民,还不如回归中央银行的模式,该模式曾在 8 年前被废除,美国在 1913 年又再建立了联邦储备体系。自此,国家成为自己的最后贷款人,且联邦储备体系的主席由总统任命,并对议会负责。以约翰·皮尔庞特·摩根作为美国金融界绝对领袖为标志的一个世纪,将以艾伦·格林斯潘上任为标记而结束——他们俩不仅在程度上,而且在类型上都存在巨大差异。即使他有想法,神秘的格林斯潘也永远不会用摩根的方法来推动市场,摩根的方法可能只是简单的叨咕或者举举手。

议会认识到那种一人至上的精神已经过气了。曾经是伟大善行的东西,突然间成了对信托和资本的束缚,美国人再也不信任资本集中。1911 年,路易斯安那州的代表阿萨尼·普吉(Arsane Pujo)以金融托拉斯及其对公共福利的影响为题,召开了一个国会听证。1912 年 12 月,已经度过 75 岁生日的摩根,出现在听证审议团前。毫无意外的是,他对此毫不屈服。不到 4 个月,他去世了。

1913 年 4 月 1 日的《纽约时报》社论对这位陨落的金融家歌颂道,他捕捉了人类及其所生活时代的精神,并帮助创造了历史。

[142]

> 我们可以再次审视摩根先生像什么——在阿伽门农①(Agamemnon)之前及之后都不乏伟大人物,但是我们没法用看待其他职业的眼光来审视这项工作。这一切已经时过境迁,条件状况已经改变,但是金融界强大而又举足轻重的人物,在改变这个行业方面比当时任何人做得都更多。40 年以前,当他在国内外开始声名鹊起之时,华尔街还正处于朝气蓬勃的青少年时期。那时货币的力量微不足道,然而,自那以后,现今大部分的国民财富都由此创生。

> 摩根先生是为领导而生的,为建设性工作而生的。因为他无与伦比的能力,他的人格品质及其散发的信心,组织和智慧的能力,他注定能成为领导者,成为主导美国金融界的建设者。在那个时代的增长是惊人的,现在华尔街已经不需要也不可能由单独某一个人领导了。未来需要合作协调,需要进行资源整合,但摩根先生后无来者,因为再没有人是所有人寻找的方向所在。

《时代》杂志估计 J. P. 摩根的财富近 1 亿美元,包括价值 3000 万至 6000 万美元的艺术品和其他收藏品,后来估计该数字降至 8000 万美元左右。无论如何,这是一笔巨大的财富,以当前的货币核算,相当于 15 亿至 30 亿美元。然

---

① 阿伽门农,希腊迈锡尼国王,希腊诸王之王。——译者注

而,有个人对此却有些无动于衷。当他得知《时代》杂志对摩根资产的估算后,摇摇头称:"这样想来,他甚至还算不上一个富人。"几乎可以肯定这个故事是虚构的,因为实在太不真实了——但这个人并不是别人,他正是:约翰·戴维森·洛克菲勒。

第八章

约翰·洛克菲勒:管理章鱼怪

一

1861 年,美国南北战争初期,没有哪家美国公司的资本可以达到 1000 万美元。而到 20 世纪初,已经有 300 家公司的资本达到这个数。其中,最大的美国钢铁公司的市值为 14 亿美元。而此时,每年的国民生产总值还不到 200 亿美元。在 J.P. 摩根的持续干预支持下,美国的商业经济基础得到进一步的巩固。一个由商店老板、工匠和小型制造商构成的国家,逐渐转变为一个由商店伙计、工厂工人,以及不断扩张的企业构成的国家。在金属、交通、公共事业以及其他部门,在行业形成初期极为传统典型的激烈竞争——很像今天的技术行业一样——逐渐让位于激烈的托拉斯竞争。

19 世纪末,那些巨大的托拉斯必定是法律创新的产物。在当时的法律约束下,公司在其注册登记以外的州,均不能持有股票。为了让公司实现全国范围内经营,合作成立公司的个人股份持有者,可以将其股份交给一些受托人,并收到相应的托拉斯证书。而到了世纪之交,几乎没有人将托拉斯往法律上好的方面想。"托拉斯"已经与"垄断"同义:它们把分立的——然而实际上是不可分离的——几个实体合并到一个单一的领导体系之下,这不是为了便利州际商业 [147]

101

贸易或者为了实现规模经济,而只是在需要的时候粗暴地把竞争剔除在外。

这种控制的强化,必然意味着财富的进一步集中强化。一个公司在其各业务领域内覆盖得越广,它就越能控制付给供应商的价格、向消费者收取的价钱,以及劳动力成本和生产成本。而最终不可避免的是,不断集中的财富越来越没有阻隔地流向托拉斯的顶层,变成拥有最强控制力的地方。美国在其最初的100年内创造了很多财富——土地如此富足,因而也无须再做其他——但随着托拉斯的产生,美国出现了一批新的超级富人。他们共同因一个新名词为世人所熟识——敛财大亨——该名词于1872年引入语言。

20世纪的历史可以尝试从那些政治领袖那里开始书写:威尔逊、丘吉尔、斯大林、希特勒、富兰克林·罗斯福、约翰·肯尼迪、毛泽东——他们像巨人一样影响着他们那个时代。

19世纪则不同,尤其是世纪末的最后几十年。在林肯遇刺被害以及历经他的继承者安德鲁·约翰逊①与战争英雄尤利西斯·格兰特②(Ulysses Grant)之后,政治家从美国历史上消失。拉瑟福德·B. 海斯③(Rutherford B. Hayes)、詹姆斯·加菲尔德④(James Garfield)、切斯特·艾伦·阿瑟⑤(Chester Allen Arthur)、两任格罗弗·克利夫兰⑥(Grover Cleverland)政府、本杰

---

① 安德鲁·约翰逊,美国第17任总统。——译者注
② 尤利西斯·格兰特,美国第18任总统,内战后期联邦军总司令。——译者注
③ 拉瑟福德·B.海斯,美国第19任总统。——译者注
④ 詹姆斯·加菲尔德,美国第20任总统,是继林肯之后第二位被刺杀的总统。——译者注
⑤ 切斯特·艾伦·阿瑟,美国第21任总统。——译者注
⑥ 两任格罗弗·克利夫兰,即美国第22、24任总统。——译者注

明·哈里森①（Benjamin Harrisan）、威廉·麦金利②（William Mckinley）——谁还能记得他们？除了在冗长的总统悲惨遇刺的脚注中有所补充说明。在大贸易而非大政治的时代里，是商人们在推动时代前行，而其中那些敛财大亨们的贡献，超过了其他任何一类人。阿斯托（Astor）、卡耐基、库克（Cooke）、古尔德（Gould）、哈里森（Harrison）、希尔（Hill）、亨廷顿（Huntington）、摩根（Morgan）、斯坦福（Standford）、范德比尔特（Vanderbilt）——这些都是定义 19 世纪 ［148］ 后半叶历史的人物名字。对他们而言，政治家顶多只是一个必要的魔鬼，只是一些需要付钱让他们让出道路的人。

　　然而，随着 20 世纪的到来，两大因素的共同作用改变以上这个等式。一来，一位名为伊达·塔贝尔（Ida Tarbell）的记者，从 1902 年开始在《麦克卢尔杂志》③（McClure's Magazine）上发表了一系列名为《标准石油公司④的历史》的引发疑惑但又较为温和的文章。该系列文章持续了三年，揭露了所有托拉斯中最强大、最残酷的内部兼并中令人叹为观止、言之凿凿、耸人听闻的细节。与此同时，泰迪·罗斯福的首届总统任期即将结束，他正在寻求打破一个顽固不化的托拉斯。为此，塔贝尔将标准石油公司的材料交给了他。自 1890 年《谢尔曼反托拉斯法》（the Sherman Antitrust Act）颁布以来，政府在法庭上已经对这个石油巨头进行了追踪调查。然而，在罗斯福的指导下，这起案件将成为他的政治野心的重要组成部分，也将引发一场改革运动。为取得更好的效果，塔贝

---

　　① 本杰明·哈里森，美国第 23 任总统。——译者注
　　② 威廉·麦金利，美国第 25 任总统。——译者注
　　③ 19 世纪下半叶，美国从自由竞争走向垄断，对内无视员工利益，对外损害公众利益，引发社会不满，出现了 2000 多篇揭露实业界丑闻的文章，形成著名的"扒粪运动"，也称"揭丑运动"，《麦克卢尔杂志》是扒粪运动的第一份杂志。——译者注
　　④ 标准石油公司后更名为美孚石油公司。——译者注

尔的文章试图把这个人写成美国最臭名昭著、同时也是世界上最令人讨厌的人之一:标准石油公司自己的恶魔——约翰·戴维森·洛克菲勒。洛克菲勒拒绝对《麦克卢尔杂志》的系列报道进行反驳,而泰迪·罗斯福努力推进的反托拉斯行动则无异于在伤口上撒盐:他为 1896 年麦金利—罗斯福的竞选活动贡献了 25 万美元——相当于现在的 100 万美元以上,而也正因如此,反托拉斯行动才没触及他。

和摩根类似,洛克菲勒也是一个冷酷的矛盾体,而且几乎每个方面都会走到极端。亨利的兄弟对那个时代的伟大知识分子之一——哲学家威廉·詹姆斯(William James)说过,约翰·D.洛克菲勒是他曾遇见过的最好的好人,也是最坏的坏人,同时又具有最能令人遐想也最顽固不化的个性:"一个具有 10 层楼深城府的人,"他写给亨利的信中如是说,"对我而言,深不可测……表面上除了善良和自觉没有什么,然而又被认为是我国商业界最大的恶霸。"

[149]

从他的母亲伊丽莎那里,洛克菲勒继承了强烈的虔诚,强调节俭、勤奋、自律的道德准则,以及一种强烈的社会良知。当内战爆发时,摩根和洛克菲勒均处于服役年龄,他们均花费了 300 美元免去了服役。在北部,这种做法在那些有足够身家的人当中很是普遍。然而,与摩根及其父亲把战争视为给商业经营带来极大不便不同,洛克菲勒对这个当时最为反复无常的主题,既没有置之事外,也没有高高挂起。不仅他自己是个废奴主义者,同时他结婚的对象也是一个积极的废奴主义家庭——他们曾是地下铁路组织的成员,曾将索杰纳·特鲁斯①藏匿在自己家中。

---

① 索杰纳·特鲁斯,原名伊莎贝拉·鲍姆弗里,1797 年出生于一个奴隶家庭,呼吁废奴和妇女权益。——译者注

事实上,在他妻子劳拉·"塞蒂"·斯皮尔曼(Laura "Cetti" Spelman)50 岁时,洛克菲勒在她身上似乎找到了他母亲的化身。和伊丽莎一样,她也是一个禁酒主义者,是虔诚的典范,坚信巨富应该更加根基牢固。最终,洛克菲勒家族有四处可供居住的房产,其中有些房子带有漂亮骑马专用道,而所有地方都附带有九洞的高尔夫球场,这样约翰可沉浸于他喜欢的活动中。然而,这些房子里面却几乎没有什么轻浮的装饰。J. P. 摩根用艺术品、镶嵌珠宝的鼻烟壶来装饰他的房子,他喜欢那些女演员们称他为"准将"(Commodore)。洛克菲勒的房子装饰似乎总是过于朴素单调,通常只有一个女佣,而且宗教气息极为浓重。没有任何浪费,甚至也没有一丝慈爱。他们唯一的儿子小约翰,曾说他在八岁之前只穿女性的衣服,而且这是从他姐姐那留传下来的。随着她丈夫的公众形象不断恶化,塞蒂甚至跑到教堂去寻求慰藉,但她做事有自己的良知,也用自己的钱来做事。亚特兰大的斯皮尔曼学院最初成立时是一个以教育和解放黑人妇女为宗旨的学校,学院的名字就是以它最大捐助者的名字命名的。

[150]

从他的父亲那,洛克菲勒继承了相反的天赋,包括略显狡猾能玩弄阴谋。威廉·"恶魔比尔"·洛克菲勒(William "Devil Bill" Rockefeller)是一个蛇油销售员和重婚者。他跑遍了东北部销售一文不名的药物,扮演了一系列的身份,从"植物医生"到"著名的癌症专家",甚至一名贫困的聋哑人。最后,1855年,恶魔比尔彻底抛弃了洛克菲勒家族,与一名年轻女士结婚,她只知道他是威廉·利文斯顿医生。在他近 15 年的第二次婚姻中,洛克菲勒的传记作者罗恩·切尔诺了解到,威廉·洛克菲勒会时不时在他儿子生活中出现一下,但他的妻子,玛格丽特·艾伦·利文斯顿直到她的晚年才知道,她的丈夫是世界首富的父亲。

约翰似乎也从他的父亲那继承了一部分冷酷无情的个性。他曾经煞有介事地警告他的妻子说"生活中成功的人有时必须不择手段",而他似乎每天就在他的生意中实践着这个准则。"你可能并不害怕切断你的手,"他警告他的竞争对手说,"但你的身体将遭受疼痛。"当威胁不起作用时,他就作弊操纵交易。当作弊没用时,他就收买人,或者至少是他们的选票,也包括一些新闻报道的支持。他曾用 44000 美元的"游说费"贿赂了一名俄亥俄州参议员,让他去抹黑一名正在骚扰标准石油的州总检察长,洛克菲勒的记录表明这几乎就是家常便饭。因为从他父亲和母亲那都继承了些东西,他花费很多的时间来谋划自己行为,并用自己的那一套世界观来评判这些行为。

J.P.摩根是本色出演,而洛克菲勒则几乎是相反。他是一个冷酷无情的人:随着年龄的不断增长,洛克菲勒每天早晨都是同一时间打高尔夫球,作为健康仪式的一部分,在吞咽之前每口食物要反复咀嚼上十次,同样在吞咽之前口中的液体要盘旋十次。他也是一个具有强大意志力的人,他很少会得不到他想要的东西。他的目标之一是度过他的百岁寿辰,他几乎实现了。他于 1937 年去世,享年 98 岁。他的另一个目标是从石油井口到石油市场,控制整条石油链。这方面,他取得了惊人的成功,并在这个过程中,积攒了巨额的财富,前无古人。然而,即便是在一个欢庆贪婪的时代,洛克菲勒似乎还是走得太远了。

生就一张吝啬鬼的脸,并且以老来只愿意给孩子们留下几个钢镚儿而著称,约翰·D.洛克菲勒切切实实是为公众写了一本关于如何创造巨大财富的书。十几岁时,他就缴纳了什一税给他的浸礼会教堂。当他富可敌国时,他散钱的速度几乎比得上赚钱的速度。据估计,在他的一生里,洛克菲勒及以其命名的基金会共捐赠了 5.3 亿美元给公益事业,那时已经是一笔巨大的财富,而按现在美元来算那就更加庞大了。单单芝加哥大学就获得了 3500 万美元的资助。通过洛克菲勒卫生委员会,他帮助消灭了南部的钩虫病,曾有一个历史学家称之为"顽固的细菌"，而这是通过发放数以万计的鞋子这种简单的方法实现的。通过洛克菲勒医学研究院，现在的洛克菲勒大学——世界上第一所致力于医学研究的专门研究所，他也帮助攻克了许多更复杂的疾病。

这个重婚者和蛇油销售员的儿子，创建了一个美国最出类拔萃同时也是最慷慨的家庭。小约翰将他的毕生献给了慈善公益事业，捐献了 4 亿美元，包括把购买的土地，后来的大提顿和阿卡迪亚国家公园，都捐献给了一直努力摧残他父亲的联邦政府。"我相信一份权利就意味着一份责任；每个机会，都有一份义务；每一份财产，都伴随着一份职责。"二战前夕小约翰在联合勤务组织(the United Service Organization)的聚会上这么说道。快乐似乎远离了他，服务的需求仿佛是他自己孩子的召唤。与他出名的祖父同一天出生的纳尔逊①成为纽约的州长，并且是频获共和党总统候选人的提名，美国副总统杰拉德·福特曾建议理查德·尼克松辞职之后，由他接替福特自己的职位。温斯洛普②是阿肯色州的州长，是一名著名的股票交易员，也是威廉斯堡(Colonial Williamsburg)的董事长，这个地方的创建过程中他父亲起到了关键作用。劳伦斯③——一个著名的自然资源保护者，捐赠土地建立了维尔京群岛国家公园。约翰·D.④三世率领洛克菲勒基金会，收集了世界上最大规模的东方艺术品，并为表演艺术资助建立了纽约市林肯中心。大卫是大通曼哈顿银行和外交关系委员会的主席，也是现代艺术博物馆的一名主要捐赠者，那是洛克菲勒家族的另一个项目。在作者写这部著作时，约翰的曾孙——同名的约翰·D. 四世，

[152]

[153]

---

① 纳尔逊，小约翰洛克菲勒之子，美国第 41 届副总统。——译者注
② 温斯洛普，小约翰洛克菲勒之子。——译者注
③ 劳伦斯，小约翰洛克菲勒之子，风险投资之父。——译者注
④ 约翰·D.，即大卫·洛克菲勒，洛克菲勒家族第三代掌门人。——译者注

正处于西弗吉尼亚州的民主党参议员的第三个任期。

约翰·D.洛克菲勒的照片，好像总是让他看起来显得如此矮小——消瘦的脸掩盖在一个硕大的帽子下——但事实上，在他那个时代，六英尺高的他已经相当高大。可能，这就是他容易被低估的原因之一。

二

J.P.摩根生就在一个欣欣向荣的行业里，在他的打理下这个行业蒸蒸日上越做越大。相反，约翰·D.洛克菲勒几乎经历过他那个时代的所有经济故事。他的工作生涯始于1855年，当时16岁的他是克利夫兰商家的一名记账员。1858年，他辞去工作，合作开办了克拉克和洛克菲勒公司（Clark & Rockefeller）——一家小杂货店，带有当时典型的小规模经营特征。5年后仍是小本经营，洛克菲勒投资了4000美元，进入毫无经验的克利夫兰炼油厂。那是1863年，当时石油生意几乎就是狂野富饶西部的代名词。

7年前的1856年，世界上的第一块石油田刚刚由埃德温·德雷克上校在宾夕法尼亚州的泰特斯维尔发现，当时它是唯一的一块油田。美国南北战争之后，军队的解散为这个行业带来了一样渴望已久的东西：一群作风强硬的年轻人要出来闯荡赚取财富。到1870年，当洛克菲勒在克利夫兰、泰特斯维尔及周围听起来像有石油的城市成立标准石油公司时，这些地方就是蛮荒之地，交通极为不便。数以百计的井架被打了下去，所有这些几乎都是私人公司的杰作。由于未经精炼过的原油几乎没有任何用处，于是管道的另一端，数以百计的炼油厂也矗立了起来。洛克菲勒标准石油是在高度不确定、极为反复无常的市场中，苦苦谋生的26家炼油厂之一，而这仅仅是在克利夫兰。19世纪60年代的

10 年期间,原油价格曾高达到 31 美元一桶,也曾低至 10 美分一桶。

简而言之,洛克菲勒不是第一个认识到新兴产业经济潜能的人。美国的人口急剧增长,经济活力也蓬勃释放。提炼成煤油的石油,可以帮助家庭取暖,点亮快速发展的城市街道。它同时也可以用于驱动动力机械,包括刚刚新连接在一起的国家的基础设施。以煤矿为燃料的蒸汽驱动机车,是干燥地区和美国大草原持续不断火灾的导火线,而以石油为燃料的蒸汽驱动机车则不会。

从商业意义上来说,洛克菲勒也许并不是认识到石油并非炼油产业关键部分的第一人。所有石油来自于同一块油田,也是唯一的一块油田,因而在物理属性上来说,它们是本质一样的东西。在大幅波动的市场上,在给定的时间点里,石油上面所花费的成本应该是一样的。而且,所有的炼制程序也大致相同。杂质被剔除,使得原油可用;产品市场上并没有价值增值环节能够将那些成品区分开来。在这样一个利益驱动的行业中,是运输造就了关键性的成本差异。炼油商从油田到他的炼油厂,再从他的炼油厂到市场和消费者中,所花费的成本越低,他所获得的边际利润就越大。相反在运输上的花费成本比他的竞争对手更高,所斩获的收益就越少。

就约翰·D.洛克菲勒的虔诚和理性这一面来说,这种做法有圣典般的力量:按对你自己有利的做法解决交通运输困局,你将为美国最混乱自由的市场带来秩序。否则,石油永远都将是一个很难令人接受的不稳定行业,"石油行业一片混乱而且每况愈下,"他后来解释说,"必须有人出来表明立场。"而就洛克菲勒狡猾和诡计多端的一面来说,做到这一点似乎有着不可抗拒的吸引力:解决交通问题,你将可以打败竞争对手,并可以给他们划下投降条件。这两方面,洛克菲勒都愿意去做。

[155]

通过一个名为南方提升公司(the South Improvement Company)的阴谋,

洛克菲勒和三个铁路公司达成了一项协议：他们将在所有石油运输中占到最大份额。作为交换，标准石油公司将得到优惠铁路费率，与此同时炼油行业中的其他竞争对手将要承受惩罚性费率。该协议是个秘密条文，但该秘密并没有保持很久。当条文在宾夕法尼亚州西部泄露时，那些愤怒的手持焊枪的炼油商们，从石油城市泰特斯维尔到富兰克林以及其他油田所在的城镇，暴乱了起来。他们将铁轨拆散，同时还袭击了标准石油的货车。所在的行业圈子之外，洛克菲勒的名字很少为人所知，而南方提升公司的交易，使他的名字首次出现的报纸上。现在，他是"克利夫兰恶魔"——而他再也没有摆脱这个名号。

协议签订后不到两个月，法院就裁定洛克菲勒的秘密协议是非法的。然而，在此之前，洛克菲勒已经展开他的杀戮。在不到 6 周时间内，标准石油已经以地板价吞并了克利夫兰市内 26 家竞争对手中的 22 家。在这次后来被称为"克里夫兰大屠杀"的事件里面，被摧残的石油人中就有伊达·塔贝尔的父亲，塔贝尔发表在《麦克卢尔杂志》上的文章引起罗斯福注意，也让他想揪出这个事件的幕后黑手。

标准石油积攒能量的同时，克利夫兰兼并让其他地方的许多订单也都紧随其后出现。洛克菲勒总共收购了 53 家炼油厂，关闭其中的 32 家，只留下那些最有效率的工厂。因此，归功于新的规模经济，他的增长势头也是越来越强劲，标准石油的炼油成本降低了三分之二，从 1.5 美分每加仑降至 0.5 美分每加仑，而随着增长势头更为强劲，市场份额也在猛增。

[156]

"我有途径赚钱，而你对此却一无所知，"洛克菲勒在警告试图反对其兼并决策的克利夫兰人时这样说道。而事实上，他确实做到了。在 1872 年大屠杀时期，洛克菲勒控制了国内 10% 的炼油行业。而到 19 世纪 80 年代初期，世界上 90% 的石油都是标准石油公司精炼出品的。约翰·D. 洛克菲勒开始变得非常富有。然而，这时仍有两个变动性因素不在公司的掌控之下：为了提炼作业，石油必须从哪里来；而为了产生经济价值，它必须销往哪里。在没有控制经营的这两端之前，洛克菲勒还是不能完全驯服影响这个行业的市场变数，同时也没法实现最大化利润。是时候让章鱼怪伸出更多触角来了。

为了保证供应，公司通过自制的油桶、铁路车厢及输油管道不断向产业的上游拓展，直到最后自己做勘探和开采。供应稳定下来以后，标准石油公司开始进一步转向分销与销售。传统上，石油是通过独立的中间商来进行销售的，这些中间商可能会抹去每加仑5美分的利润。而对于洛克菲勒而言，这既是不可饶恕的损失，又是抑制公司销售控制和增长的低效率做法。"我们必须创造一种销售方式改变现状，"他后来说道，"以前我们卖一加仑石油的地方，现在必须卖掉二、三或者四加仑石油，我不能依赖传统贸易渠道来实现这个目标。"

洛克菲勒先是撇开了独立中间商，用自己的配送和销售力量取代他们：他现在有足够的影响力随心所欲地实现这个目标。在他们的位置上，他组建了一个新的公司货车队，由公司员工来承担，为全国各地的商店和市场运送石油。人口足够密集的地方，货车甚至还可以挨家挨户地销售石油，打破批发到零售的传统链条，进一步强化所有石油都来自于标准石油的感觉。到19世纪末，该公司不仅控制了近乎整个国内石油精炼行业，同时还开采了美国1/3的原油，经营着国家的第二大钢铁工厂，控制着数以千计的铁路车皮和船只。至此，标准石油也将触角伸到了煤矿和铁矿石行业。 [157]

"到19世纪90年代，纵向整合已经完成，"杰里·尤西姆在1999年5月《公司》(*Inc.*)杂志的主题。

> 当前，石油从标准石油公司的井口流出，通过标准石油公司的管道传输，在标准石油公司的炼油厂过滤，最后用标准石油公司的货车运输，甚至

在标准石油的销售代理商处销售。通过对运作中每一流程的内化（"自己承担每一件事"，安德鲁·卡耐基曾如此称它），标准石油不再任由不合作的供应商、不称职的销售者、变幻莫测的市场摆布，洛克菲勒掌控了秩序。

从那时起，钱财就不停地涌入。在接下来的几十年内，约翰·D.洛克菲勒聚集了全世界最多的财富：当大多数美国人每天赚两美元已经觉得很幸运时，洛克菲勒几乎是每秒钟赚两美元，一年超过 5000 万美元。

约翰·D.洛克菲勒并不是那个时代唯一吞并竞争对手的人，通过将竞争对手整合成一个纵向公司，从而能够有力掌控自己的产品。托拉斯、垄断、章鱼怪——随你怎么称呼，他们遍布各个地方。洛克菲勒比较擅长控制，创造了他自己的现代管理组织，用于经营他那些远程企业。

当然，技术帮了他的忙。1885 年，当标准石油公司搬迁至位于曼哈顿的百老汇 26 号新的公司总部时，电报显著提升了国内的通信网络，而早 20 多年前贯穿大陆的铁路的完工，也改进了交通网络——毫无疑问，一个世纪之后，因特网又推动通信领域的再次变革。从标准石油公司总部高高在上的办公室内，洛克菲勒可以每小时一次或者更频繁的频率，与其所创建的整个企业保持联系。微观管理中的危机隐约可见，而洛克菲勒的天赋之一，就是抗拒诱惑。

与其通过自我为中心或者个性的发挥，或者通过某种变态的恐惧来经营企业（其他一些巨头们都试过这三种方式），洛克菲勒是通过委员会来管理标准石油公司。生产委员会负责生产，采购委员会负责采购。今天，说这些听起来是不言自明，而一个世纪以前，洛克菲勒的委员会体制是一大创新——是为对大型企业开展有效监管而创造的，也是在他冷酷无情的意愿坚持下创建起来的。洛克菲勒的传记作家罗恩·切尔诺指出，即便是在执行委员会的会议上，即便在那里他的话就是最终法律规则，这个老板也就坐在桌子中间表达自己的观点，而没有坐到桌子头上。

"创建了一个无比复杂的商业帝国，"切尔诺写道，"他非常的聪明地知道，自己应该在组织中淡化身份。"同样，他也很聪明地意识到，这样一来世界就无从知晓一些此前人们不知道的东西，这也就是商业历史学家小阿尔弗雷德·D. 钱德勒曾称之为"经济人的一个新分支——付薪经理"。1880—1920 年期间——大致是洛克菲勒最终主导全球的那个时间段——根据布鲁金斯学会的数据，美国的职业经理人数量飙升了六倍，从 16.1 万到超过 100 万。为满足不断增长的需求，1898 年芝加哥大学和加利福尼亚大学均开设了这个新分支种类的教育：商学院。新世纪伊始，纽约大学和达特茅斯学院均从事商学院教育事业，哈佛的商学院则于 1908 年创办。 [159]

标准石油公司，洛克菲勒晚年说道，已成为了"整个经济管理新体系的雏形，它改变了全球商业运营的模式"。毫无疑问，他是正确的。然而，也正如他晚年经常干的，这个过程中洛克菲勒也会将许多不怎么光彩的时刻美化。在1917 至 1920 年期间，纽约新闻记者威廉·英格利斯所做的一系列的采访报道中，洛克菲勒逐一提供证据来反驳针对他的每一个指控，以及针对标准石油公司的指责，尤其是伊达·塔贝尔的指控。无论采访是否要给别人看——是因为这些采访直到他去世后 60 年才播出，或许它们仅仅是为了安慰洛克菲勒的良心，或仅仅是为采访的制片商而准备，这些都不清楚。无论如何，他们描述了一个与事实有所差别的历史。有人怀疑这并非无意为之，为了答复达特茅斯学院高级班毕业论文——为"克利夫兰恶魔"的无辜进行辩护，纳尔逊·洛克菲勒请他祖父回答他是不是"克利夫兰恶魔"，祖父传回来的话是：他当下不是。对他而言，要对同个日子出生的孙子撒谎将会是多么困难啊。

三

约翰·D.洛克菲勒很喜欢看到的是，法律似乎都只是事后才适用于他本人和他的企业。毕竟，引发克利夫兰大屠杀的那纸神秘铁路协议，尽管被法院很快废除，但在当时并非违法。只有到1887年州际商务委员会成立以后，一般的铁路折扣才是不合法的。而直到1890年谢尔曼反托拉斯法颁布后，流血式的纵向整合的托拉斯和四处伸展的章鱼怪式做法才被裁定为非法。

然而，事实上，洛克菲勒及其标准石油公司经常在法律边缘上打擦边球——甚至有些已经凌驾于法律之上。在传记研究中，罗恩·切尔诺发现洛克菲勒书信中的很多案例，在这些案例中，他只是简单地收买政客以影响立法结果。1896年，花费25万美元发起的麦利金运动（McKinley campaign）是一个最为典型的例子，这就是洛克菲勒所谓的必要的业务支出。不论州际商务委员会还是《谢尔曼反托拉斯法》，都不会对洛克菲勒的行为有所影响。相反，他似乎加倍努力，周旋于那些针对他公司所发起的法律诉讼。对亨利·弗拉格勒（Henry Flagler）和约翰·D.阿奇博尔德（John D. Archibald）来说，他拥有了强大的助手，从而比过去更少受来自法律和道德的困扰。

在他的一生中，幕后揭发者亨利·德马雷斯特·劳埃德（Henry Demarest Lloyd）和伊达·塔贝尔，尤其后者，收集了许多洛克菲勒和标准石油公司胡作非为的幕后行为的证据。然而，直到1906年，塔贝尔的《麦克卢尔杂志》系列报道之后的一年，标准石油公司才总结教训认为应当聘用一位公关人员负责改善公共形象。也许，在某种程度上，洛克菲勒简单且错误地判断了针对他的怨恨风潮和舆论的压力，以及泰迪·罗斯福想将他作为政治资本的决心：他这辈子在政治家身上花费了这么多时间,洛克菲勒一定很难想象能够用哪些其他办法来对付他。很大程度上,洛克菲勒是可以忽视即将到来的暴风雨,因为他认为自己的服务有很大需求:清楚商业经济中的无效率因素,不仅是服务于国民经济,而且也是服务于整个国家和上帝。

当法律最终逮住约翰·D.洛克菲勒时,罗斯福已经下台了,取而代之的是威廉·霍华德·塔夫脱(William Howard Taft)。21年之后的1911年5月15日,取证的23名志愿者汇总了12000页材料,11次单独审判,最后一次涉及的证人甚至达到444人之多,美国最高法院判决标准石油公司托拉斯是一种事实上的垄断,并责令公司分拆。该新闻传到在高尔夫球场的洛克菲勒,他唯一的回应是告诉他的高尔夫球友去购买标准石油的股票。这是他给出的最明智的建议之一。

标准石油公司分拆为34个独立的公司。其中,包括一些现代企业领头羊的母公司,如埃克森美孚公司(ExxonMobi)、英国石油阿莫科(BP Amoco)、康诺克石油公司(Conoco,Inc.)、ARCO、英国石油美国公司(BP America)以及Cheesebrough Ponds,约翰·D.洛克菲勒仍旧控制着每一家公司。1911年,当最高法院的决定下达时,洛克菲勒的资产价值约为3亿美元。两年后,作为联邦政府惩罚的直接结果,他的身价上升到9亿美元。输了那起反托拉斯案件竟转变成为他事业的最大暴利。那时起,石油有了一个新用途:汽车。

约翰·D.洛克菲勒不仅因最高法院的判决而变得更富裕,他也似乎仍旧不思悔改。当1913年来自洛克菲勒控制的煤矿的20000余名罢工者从公司宿舍出发罢工时,州武装组织进驻,机枪射向罢工者,并向搭建帐篷的居住地开火。十多名妇女和儿童死于大火,即臭名昭著的"拉德洛大屠杀(Ludlow Massacre)"。为照顾他父亲的情感,小约翰指责罢工者使用暴力,并不计后果地坚

[162]　持他们的权益成立了工会。

四

　　1913 年的 9 亿美元值多少钱？用现在的美元估算将超过 130 亿美元。正如罗恩·切尔诺所指出的,专注于这个数字是了解故事的不二途径。1913 年,整个联邦政府预算只有 7.15 亿美元,联邦政府负债是 12 亿美元,洛克菲勒拥有其中的 3/4。能说明问题的也许是,洛克菲勒的财富相当于国内生产总值的 2.5%。按照相同的方式衡量,最近一起由于违反反托拉斯法而被联邦政府起诉的人是比尔·盖茨。比尔·盖茨的财富大概只有洛克菲勒总资产的 1/5,辩护中法官允许盖茨保有他自己的财产。当国会提出宪法第十六条修正案之前的四天,洛克菲勒迎来了 70 岁生日,该修正案授权政府有权征收所得税。

　　洛克菲勒曾估算过,如果算上所有他捐出去的钱,他将比现在富裕 3 倍,由于受过记账员的训练,他对数字一直很有感觉。但这最多也只是个学术上讨论的问题了:在洛克菲勒那里,得到与给予似乎也只是一个金币的两面而已。

[163]

第九章
亨利·福特:生产汽车并构筑汽车市场

一

　　巨额财富往往是伟大工业的风向标,随着 20 世纪的到来,美国的巨额财富大多都发迹于钢铁、铁路和石油行业。当举家从苏格兰迁往宾夕法尼亚西部时,安德鲁·卡耐基才 12 岁。在接下来的六年里,卡耐基先是在一个棉花工厂里面当绕线工、机器看护员、电报信使和操作员,最后在 18 岁的时候,在宾夕法尼亚铁路谋得一职。到 19 世纪 60 年代末,30 多岁的卡耐基开始炼铸铁路机车生产所需的钢铁。截至 1888 年,除了钢铁厂以及给钢厂提供原料的煤炭和铁厂外,他还控制了 400 多英里的铁路,同时还经营了连接工厂和铁路之间的一支轮船队。接下来的一年,卡耐基发表了他的著名演讲——财富的福音,其中他说到,富人的前半生应该致力于赚钱,而后半生应当尽可能散尽财富造福民众。12 年之后的 1901 年,J.P.摩根组织的一个财团购买了卡耐基的所有股权,将其注入美国钢铁公司,而此宗交易中收入 2.4 亿美元的安德鲁·卡耐基开始散播他的财富,最引人注目的就是在美国和英国各地建造公共图书馆。 [167]

　　由于铁路行业从来就没有钢铁行业那么扎实巩固,铁路行业虽然创造了很多财富但是剩下的却不多,其中许多不光彩的财富聚敛和钱财的慷慨散尽同样令人记忆犹新。从横跨美国大陆铁路修建中大赚了一笔的科利斯·亨廷顿、利兰·斯坦福和其他一些人正是这类人的典型代表。为了维护自己的铁路收益，杰·古尔德和詹姆斯·费斯克成为让市场充斥着虚假股票信息的专家。科尼利厄斯·范德比尔特在转向铁路之前经营的是船运生意，在和古尔德及菲斯特争夺伊利铁路（Erie Railway）的斗争中损失了上百万美元。1877 年，范德比尔特死前还是积攒下来一座价值 1 亿美元的物业，然而他的主要馈赠——捐了100 万美金给位于田纳西州纳什维尔的范德比尔特大学，相比卡耐基的大手笔似乎就显得过于微不足道了。

显然，石油成就了一位工业领域最伟大同时也是最冷酷无情的整合者，也是当时那个时代最富有和最慷慨的人：约翰·戴维森·洛克菲勒。然而，造就历史上第一位亿万富翁则需要备齐三个条件：必须有一项新发明是铁路做不到的——人们任何时候想去任何地方旅游都可以做到；一个土地广袤、风光壮美的国家；一个足够聪明的人，能把巨大的消费需求和充分的生产能力匹配起来，并为二者提供相应的链接手段和方式。汽车同样会让钢铁大王和洛克菲勒变得更加富有：汽车的主要部分都是由钢铁制成，并且他们也为标准石油公司和它的汽油产品开辟了一个巨大的新市场。但是，汽车让亨利·福特比他们几个都更为富有。

[168]

二

自动推进是人类自古以来的梦想，但是比亨利·福特向美国大众发布他的"T 型车"早两百年前，这个梦想业已成真——如果不是特别不切实际的话。17 世纪末，一个基督教传教士在中国成功制造了一个蒸汽型的汽车模型。大约

100 年前,在天气允许的情况下,一艘载有 28 名乘客由风力驱动的双桅"岸船"(land "ship")实现了以每小时 20 英里的速度前行。18 世纪则见证了弹簧驱动式发动机(钟摆模式)和其他压缩空气驱动的发动机实验的成功开展。现代汽车的先驱似乎应该是法国人尼古拉斯·约瑟夫·居纽(Nicholas Joseph Cugnot)发明的一个蒸汽驱动的三轮车,这真是一个令人印象深刻的发明:1769 年的版本搭载 4 个人以每小时 2.25 英里的速度开 20 分钟。这种四冲程的发动机就是今天内燃机的直接前身,后者也是一个法国人的杰作——阿尔方斯·布·德·罗沙(Alphonse Beau de Rochas)。将汽油发动机提升改进到能够用于商用产品,一般应归功于两个德国发明家——戈特利布·戴姆勒(Gottlieb Daimler)和卡尔·奔驰(Carl Benz)——的贡献。1887 年,奔驰向一个法国人出售了他的第一辆汽车。几年后,戴姆勒也开始进入这个行业(虽然这两人素未谋面,他们的公司却在 1926 年合并成戴姆勒-奔驰公司,即著名的梅赛德斯-奔驰系列的制造商)。

如果启动汽车工业的技术进步应当归功于欧洲人的贡献,那么这个行业正是在美国得以启动并绽放繁荣。欧洲人口更多,但是由于自然地理条件,美国的需求更大——并且在 20 世纪初,美国的原始资本积累也对这种需求增长构成了有力支撑。19 世纪 90 年代初,弗兰克和查尔斯·杜里尔开始在传统马车上安装汽油发动机。截至 1903 年,美国的大街小巷里奔跑着 11000 辆汽车。[169] 第二年,兰塞姆·奥茨(Ransom Olds)生产了超过 5000 台的 3 马力的奥茨汽车,并且证明了可以通过经营汽车贸易过上殷实体面的生活。从 1903 年开始到接下来的 5 年多时间里,整整有 240 家美国汽车制造商进入这个行业,这其中包括一个名叫亨利·福特的密歇根发明家创办的小工厂。

在亨利·福特到来之前,汽车只属于那些有能力支付的富人:兰塞姆·奥茨最早 1900 年的车型要卖 1250 美元,超过产业工人周工资的 100 倍。福特有着不同的视界。创造出市场需求后,从单个个体销售中丢掉的边际利润,将在销售数量中得到多倍的补偿。这样一来,汽车成为每个美国人的必需品,而不仅仅只是富人的玩具。

1908 年,福特汽车公司开始生产 T 型车。它比马车跑的要快,并且足够结实能够经受得住美国坑洼不平的道路,外表和零部件也毫不起眼,但是 825 美元的价格和普通工人的支付能力却是非常接近——于是汽车和眼界都仿佛变成了一个梦想。第一年生产,福特就卖出了 1 万台 T 型车,给一个 5 年前只有 28000 美元注册资本、12 个工人和一个 250 英尺×50 英尺的小工厂,带来了超过 900 万美元的收入。

三

1863 年出生于密歇根迪尔伯恩附近的一个农场,亨利·福特所受的教育是在只有一间教室的学校完成的,他年仅 15 岁就从学校辍学,大概也就刚刚能够对付那些麦加菲读本①。但是亨利·福特对数学比较擅长并且对机械极为痴迷。16 岁的时候,他步行到底特律去做了发动机引擎的学徒,然而不到一个礼拜就被开除了。不屈不挠的他又继续从事了修理手表和摆弄轮船发动机的工作,而这两项技艺他终身都没有忘记。几十年后即便成为亿万富翁和全球性人物,福特仍旧乐衷于把朋友们的怀表拆卸开并重新组装起来,有时候也还会

[170]

---

① W. H. 麦加菲编的《美国经典语文读本》(*The Eclectic Readers*)是美国风靡一时的语文课本,亨利·福特曾称赞之为其儿童时代最喜爱的读物,后来他自费印了许多本书分发给许多学校。——译者注

跑到工厂去弯下身子摆弄那些油乎乎的发动机。

然而,最吸引亨利·福特注意力的还是汽车,而非手表或轮船发动机。1896年6月4日午夜过后不久,在和妻子克拉拉居住的两层楼公寓后面的小工棚里,亨利·福特成功制造了第一辆实验车。福特将它取名为"四轮车",这辆汽车的总重量不到500磅,装备着四个自行车的轮子。3年后,他又成功打造了第二代汽车原型,这辆车成功地从底特律到密歇根的庞蒂克开了个来回。而后不久,从12个股东那里一共筹集了15000美元,他成立了自己的第一个企业——底特律汽车公司。这个公司存续了两年,期间福特制造了不到24辆汽车,然而这丝毫无损于他在这个新生行业的名声。截至1903年,福特已经成为美国赛车界首屈一指的设计专家,当年他成立了福特汽车公司。

和那个时代所有的其他汽车制造商类似,福特几乎什么都没有制造。底盘和发动机来自他的两个小股东贺瑞斯(Horace)和约翰·道奇(John Dodge)开的一家机器店。福特只不过简单地将这些零部件组装成一个完整的产品。然而,在1905年福特开始迈出了关键性的一步,让他的公司从其他众多制造商中脱颖而出。其他生产商最多只是和经销商维持着松散的联系,并将汽车服务留给有动力从事此工作的当地人。而福特汽车公司成立不到两周年的时候,在这个领域内就已经有自己工厂训练的技师。与此同时,福特还想尽办法控制整个产品的生产。到了1912年,福特公司已经生产出自己的曲轴箱、车轴和其他关键零部件。第二年,福特买断了道奇兄弟在他公司里的股份,并开始制造自己的发动机和底盘。现在他不仅可以更好地关注产品同时还可以将注意力放眼于一整套生产方式。已经变得超级富有的亨利·福特也将要变得超级出名。 [171]

和汽车本身类似,在福特开始接触流水线时,装配流水线的概念早已不是什么新鲜的事物。早在美国独立战争之前,法国军队已经在实验使用标准化的步枪部件。就在独立战争开始那一年,英国人耶利米·威尔金森(Jeremiah Wilkinson)就已经发明了机床夹具,能够让工人依序生产完全一样的零部件。福特本人将生产流水线的灵感归功于芝加哥的肉品分包工人和他们头顶上的小吊车,这些小吊车排成一条线用于吊装肉,屠夫们则及时将这些肉拆解开来。福特仅仅是利用了已有的这些原理并将其用于必要的地方。到了20世纪10年代初,福特的汽车工厂基本上已经达到传统生产方法所能实现的最大潜能。假如他真的想给自己的汽车创造一个大众化的市场,他就必须进行大批量的生产,而这就意味着需要生产的流水线作业。福特从来没有怀疑的一点是,他能够将汽车卖得和他的工人生产得一样快。生产速度才是挑战,解决了生产问题以后,大众市场会自我运行好的。

在1922年出版的自传《我的生活和工作》中,作为伴随福特一生的三样东西之一,福特介绍了最早的汽车装配流水线是怎样形成的。他写道,最早福特汽车的生产组装和"建一个房子并无二致"。

"一开始我们仅仅是将汽车安放在地板上的某个地方,工人们把要用到的一个个部件安装上去……(然而)快速生产的压力要求我们设计出某些生产方案,避免工人们上上下下轮换。"为了做到这一点,福特接着写道,"我们开始把工件放到工人们前面,而不是反过来让工人走到工件跟前。现在,在所有操作中我们将有两个基本的原则——每个人都不用移动一步,如果可能避免,任何人都无须弯腰屈身。"

[172]

装配流水线的基本原理如下:

1. 将工具和工人按照操作顺序排放,使得每个零部件在完工过程中将移动尽可能短的距离。

2. 利用工作滑道或其他类型的输送器,使得每个工人完成操作后部件总是放在相同的位置——对工人的手来说这个位置必须总是最为方便，如果可能应该通过重力作用将部件输送给下一个工人操作。

3.用来装配零部件的流水线滑道必须放置在方便适中的距离。

应用这些原则的总效果就是尽可能减少工人思考的必要，同时将其移动减少到最小化。他每次移动都尽可能只做相同一个事情。

福特已经建成并投产了汽车行业中最为先进现代的工厂——宽敞明亮、通风状况良好的山地公园分厂于 1910 年初投入使用。1913 年 4 月，在该工厂的飞轮式磁电机生产中，福特开始进行第一次流水线装配生产实验（磁电机利用磁力在内燃机内部发电）。之前，这项工作由一个工人单独操作，大约每 20 分钟可以装配出一个磁电机。现在，同样的工作被分解成 29 个装配流水线操作，结果是平均装配时间降到了 13 分钟 10 秒，减少了 1/3 多。一年以后，福特公司将装配流水线的高度拉高了 8 英寸，这下平均生产时间降到了 7 分钟。进一步的实验则将时间降到了 5 分钟。

[173]

与此同时，被用于生产磁电机的原理也被应用到整个发动机的生产过程中。与同一个人从头到尾装配整个发动机的做法不同，这项工作被分解为 84 个操作步骤，生产效率由此提升了 3 倍。不久，零部件生产过程实验被扩展应用于整个生产过程。经过几个月的全装配流水线生产，一个 T 型车所需的生产时间由原来的 12 个小时以上降到了 2 个小时以内。将工厂地板上的锯屑、刨花和焦炭粉扫在一块儿，并将其用做蒸汽发电厂的燃料，福特发现这一项每年就可以为自己节省 60 万美元的燃料成本。随着生产成本的急剧下降，福特也把汽车价格大大调低了下来——大约是首次推向市场后的 20 年，一辆 T 型小轿车的售价大概还不到原先成本的 1/3。随着价格的下降，销售量翻了两番：到 1914 年底，美国市场卖的汽车将近有一半都是亨利·福特的 T 型车。

　　"时光总是被白白浪费掉，"亨利·福特恼怒地回想起那些日子里，自己的第一辆车似乎永远也没有造出来的希望。现在，他告诉那些记者们大规模生产就是新的"救世主"。仿佛是为了证明他自己所言非虚，亨利和克拉拉·福特搬到了"Fair Lane"，一处毗邻他们出生地占地 2000 亩的庄园，这也是他们结婚23 年来的第 11 个住所。稳固了他自己在美国下一个伟大工业中的领导地位，安坐在和他的伟大相匹配的宫殿内，福特对着《芝加哥论坛报》的查尔斯·惠勒说道："历史多多少少都有假话……值得修理工们咒骂的唯一的历史就是当下我们创造的历史。"然而，要做到让全世界的工业秩序完全对他俯首帖耳，亨利·福特还要解决他的劳工问题。

　　福特汽车公司的执行董事们及喜欢凡事斤斤计较的那些人，都喜欢装配流水线和由此带来的规模经济。然而，福特的员工对此却有不同看法。"亨利·福特所写的尽可能将工人们的运动降到最低，一定是让他们中的许多人非常高兴"，但是"尽量减少工人思考的必要性"确实非常具有侮辱性。

　　甚至是装备流水线之前，福特已经受到居高不下的劳工离职率的困扰：企业的生产率需求是公司经营最为核心的事情，随着大规模生产时代的到来——最初被称为"福特模式"——劳工离职上了一个新的高度。截至 1913 年底，为了留下 100 个长期员工，福特大约每次都要雇佣 1000 个工人，而由于汽车卖得如此成功，因而他几乎要不停面临着扩大工人队伍规模问题。

　　为了解决这个问题，同时也为了挫败 1913 年夏天世界产业工人组织（Industrial Workers of the World）发起的工会化行动，1914 年亨利·福特引进了他个人的第二项伟大的行业创新：给每天八小时的工作支付 5 美元的工资，这大约比汽车行业流行的工资水平高出 15%，比全国范围内制造业的平均工资高出一倍，一天下来的工作时间也更短。

"如果给工人支付较低的工资,"福特说道,"我们的社会将会有一代吃不饱的孩子,这些孩子精神和身体上都将营养不良;于是,未来一代的工人精神和身体上都会变得非常虚弱,这样一来,当他们进入工业领域时效率就将堪忧,我们的工业将为此买单。"

虽然措辞有些高姿态,这也正是福特的惯用姿态,但是这种计算确实是相当冷酷无情。不再需要为雇佣的事情团团转,现在有许多工人排着队要来福特公司工作;福特公司有了一支勤勉节约的工人队伍足以对付他们需要制造的产品。"购买者,"福特曾经解释说,"是靠创造培养而不是天生就有的。"

[175]

5 美元每天的工资制,福特后来写道:"是我们迄今为止所做出的最佳的成本缩减策略。"更好的是,在福特看来,这让他能够更好地控制住他的工人们。在引入新的薪酬体系期间,福特解雇了多达 900 人的希腊和俄罗斯东正教雇员,起因是这些人按照他们自己的传统,在儒略历规定的圣诞节那天离开工作庆祝节日。对福特公司其余那些员工来说,此举所传递的信息一目了然:额外的支付要求更多更有力的服从和支持。

为确保流水线生产系统顺畅无阻运行,福特公司给工人们规定了 15 分钟的午餐时间,这其中还包括了上洗手间的时间。上班期间,公司禁止工人们倚靠在机器上,也同样禁止他们坐着、蹲着、吹口哨、闲聊或抽烟。为了确保工人们听话服从,公司的"监工们"在工厂里四处巡逻。不久,工人们学会了不动嘴的沟通交流,一种被誉为"福特式窃语"的说话技术。而为避免引起四处巡逻的监工们的注意,工人们发展出了著名的"福特式"僵化的脸部表情。

亨利·福特和他的公司都不仅仅只把注意力停留在工厂层面。有效率的劳工需要一个安定的家庭环境和良好的生活习惯,5 美元每天的工资制让福特和他的手下们也能够对二者进行影响。官方称为"利润分享计划",公司将工资薪酬分解为一份每小时 34 美分的基础工资——或每天 8 小时得到 2.72 美元——和一份额外的"利润分享式"的每小时 28.5 美分的工资率。为了得到后者,工人们在生产线上和线下的表现都必须令人满意,这意味着他们必须符合那些和汽车标准一样严格的行为准则标准。

福特颁布的一系列规则旨在确保他的雇员不仅是个好员工,同时还能是一个好公民。工人们都表现得很节俭,他们的房子井井有条(尤其这房子不能外租他人),也不允许有额外的收入来源(包括有工作的妻子),他们本人和小孩都不允许接触那些不良分子(最典型是亲工会者和工会组织者),外来的移民员工还必须在英语上有所进步,不允许酗酒或过量抽烟,不允许赌博,不能"故意做有损于良好体格和道德品格"的事情。通过新成立的社会化部门,福特派出顾问辅导工人们及其家庭如何最好地满足利润分享奖金的那些要求;另一方面,这些顾问们也充当了间谍的角色,反馈回来那些似乎和长期信仰越来越远离的人员名单。

早期的几个月,大约有 2/5 的福特工人都无法满足这个利润分享计划的要求。如果在未来的一年内他们不能改正自己的行为方式,那么这些人将被解雇,而他们那些有待实现的利润分成将被捐给慈善机构。接下来的两年内,不合格率下降到了大约 1/4,但是他们从尽责服从中所获得的额外报酬的价值却迅速缩水。到了 1918 年,战时通货膨胀使得亨利·福特的 5 美元日工资的购买力,下降到相当于 1914 年的 2.8 美元。此时,亨利·福特已经不再将员工的道德品质放在心上,令他更加忧心的是他自己工厂中的工会活动。社会化部门后来改名为教育部门,于 1921 年被解散,相关记录也被焚毁。在那个位置新成立了福特服务部门,在一个名叫哈利·贝内特的前拳击手的领导下,一群凶徒和劳工间谍确保福特只雇佣那些非工会会员的工人。

那时候,亨利·福特已经可以随心所欲地发号施令。1919 年,福特成功地买断了最后一批非家族持股者的股权。20 世纪 20 年代开始,福特高高在上紧密地掌控着这个高度纵向整合的工业巨兽,它的主要生产基地位于高地公园和红河,分支机构遍布全世界,在加拿大和英国设有装配基地,拥有铁矿山和伐木场,拥有巴西的橡胶种植园、玻璃制造工厂、铁路和一支可以将汽车配送到任何市场的船队。几乎拥有了无限的财富和权力——也拥有了这个世界上前所未有并如此之强大的工业力量——福特现在开始又要成为一个布道者了。 [177]

50 年前,J. P. 摩根目睹了大量的欧洲资本转移到美国。20 世纪 20 年代初,通过他的书和频繁地接受采访,福特开始往欧洲输送回一套全新的商业哲学。劳动必须通过机制手段加以理性引导,工作必须进行分割和专业化,必须用高工资收买工人,让他们甘心从事沉闷无趣、不断重复的工作。生产管理必须中央集权,必须通过层级组织进行控制,若有可能公司应当尽可能地纵向整合,雇佣一系列分销商以稳定不可避免的需求的周期性波动。标准化和大规模生产降低了生产成本,生产成本下降则利润将上升。为了保护以上这些方面,必须利用所有可得的工具手段和工会做斗争。总而言之,以上这些和福特式哲学的其他一系列信条,开始代表了新的工业秩序,统领了此后大半个世纪的公司思维。

在广泛的国际事务方面,亨利·福特也从来不吝啬表达自己的观点。他公开反对美国参加第一次世界大战,他曾经发誓如果战争能缩短到一天之内结束,那他愿意散尽一半的个人财富。福特还身体力行地做样子:1915 年底他和一些技术专家及代表们,还有一伙可信度欠佳的媒体记者们,乘坐着福特资助的"和平号"扬帆驶往欧洲的斯堪的纳维亚和荷兰召开了一个和平会议。而当福特身体抱恙需在奥斯陆卧床休息时,这个代表团就各奔东西了。 [178]

回家之后,福特创办了一所贸易学校,并捐资建了一家医院,二者都以他自己的名字命名。他还涉足教育领域,在乡村设立了一些点,在那里农民们可以通过水力设施生产一些汽车配件;他还资助了一系列各式各样的包括从广场舞蹈到倡导减少肉食多吃豆类食品的"健康"事业。所有这些都成了新闻,因为美国商业史上还从未有过这么出名的全国性人物。

1918 年福特参加了美国参议院议员的竞选,在共和党占主导的密歇根,作为民主党候选人的福特失败了,只收获了不到 5000 张的选票。到 1920 年,福特的总统俱乐部遍布全国。不论福特的 5 美元日工资真实情况如何,也不论福特员工每天工厂内外的真实生活状况怎样,公众对福特的福利资本主义牌子极为着迷:福特被视为另一个伟大的解放者,是工人阶级的林肯。《科里尔周刊》(Collier's Weekly)1923 年夏天的一项全国性民意调查发现,福特的支持率遥遥领先于在任总统沃伦·哈丁。这一总统热直到 1924 年 10 月福特宣称支持卡尔文·柯利芝(Calvin Coolidge)时才停止。哈丁死后,卡尔文·柯利芝接替了他的总统职位,但是福特的受欢迎程度丝毫未减。1926 年,他宣布给他的雇员们创建一星期五天工作制。3 年后的 1929 年 11 月,整个经济受困于重大危机时,福特响应了赫伯特·胡佛①(Herbert Hoover)的要求不削减工资,相反实际上将工资提高到 7 美元一天。典型的是,在这两件事件中,福特的高姿态都伴随着苛刻残酷的裁员:在"反萧条工资"实行前夕,多达 30000 名福特员工被解雇,而留下来的那些人需要完成比涨工资之前高出将近 50% 的工作量。

[179] 到了 20 世纪 20 年代末,福特开始需要担心公众的认同感了:和为数不多的几个人物曾统治一个主导行业一样,在统领了汽车行业近 20 年之后,亨利·福特

---

① 赫伯特·胡佛,美国第 31 任总统。——译者注

终于开始意识到阿尔弗雷德·斯隆和他的通用汽车即将要蚕食他的领地。

T型车并非亨利·福特最早生产的车型:在此之前还有 A、B、C、F、K、N、R 和 S 型车,在福特找寻最佳的产品和市场需求匹配的时期,这其中的有些车型还相当昂贵。然而,相当长的时间里,T 型车仿佛似乎就是福特汽车公司生产的最后一种型号的车。福特的固守背后既有经营哲学方面的因素,也有坚如磐石的笃信:倘若保持车型不变,随着生产方式的逐步改善和优化,生产的单位成本将持续下降,而且产品自己会卖得出去。斯隆的经营哲学有所不同:每个价格区间都有一款汽车面向市场,每年车型都做一些微调,每三年做一个大的调整,花巨资打造广告以创造消费者需求,大众将会挤破门来买车。截至 1927年,毋庸置疑斯隆和通用汽车已经颇具影响力。

1921 年,福特公司比通用汽车最重要的产品雪佛兰(这是 T 型车最接近的竞争对手)销量多很多,甚至达到了 13∶1;但是到了 20 世纪 20 年代之后,汽车需求慢慢从首次购买转向改善型汽车。这样一来,汽车购买者开始看中舒适性、款式和渠道创新。福特仍旧只提供为世纪初坑洼不平道路生产的极为简单的汽车,并且依旧依靠福特的名字来吸引购买者。在前福特高管威廉·克努森的领导下,雪佛兰重新做了组装和设计。通过大量投放广告,雪佛兰稳步缩小了和福特的差距,到了 1926 年每两辆 T 型车卖出的同时就有一辆雪佛兰成功售出。第二年的 1927 年 5 月 27 日,T 型车停止生产,福特工厂关闭,与此同时一个继任的车型开始设计,工厂重新组装以生产新车。大约过了六个多月以后,1927 年 12 月 2 日,A 型车面世。 [180]

为了推介新车型,福特花了一个礼拜时间做广告,这个时间超过了 T 型车在过去 19 年的生命周期中所有广告时间的总和(受惠于这期间卖出的 1500 万量 T 型车和他自身苛刻的理财实践,福特汽车公司为引入 A 型车储备了大约

7亿美元的现金）。这场运动取得了效果——福特从通用汽车那里重新夺回了汽车销售总量的领先地位——但是在剩余的生命岁月里，福特都还是对做广告的必要性愤愤不平。

"我们不再是从事汽车行业了"，他曾抱怨道。正如所有其他行业一样，汽车工业中形象就是一切，而福特自己的形象却开始迅速逝去。

四

"福特说话像个社会主义者"，在一个20世纪20年代中期著名的流行笑话中，一个华尔街的交易员和他的同伴抱怨道。"是的，"同伴回答道，"但是他装得和我们每个人一样，并且对此习以为常。"随着喧嚣的20年代缓慢进入萧条的30年代，这位伟大的汽车制造商的双重性格变得愈发明显，他的困顿之处也越发不容忽视。

在劳工这边，福特针对工会组织持续升级的暴力应对策略开始变得与时代精神格格不入。1932年3月在密歇根的迪尔伯恩由福特员工组织的福特反饥饿游行中，警察近距离向游行示威者开枪扫射，杀害了3人，另有50人受伤，其中包括纽约时报的摄影记者被击中头部身亡。10年前，公众可能会从另一个角度看待这件事。然而，1932年，虽然剥削无处不在，但是公众已经更加清楚地认识到福特员工为"新繁荣"所付出的代价，也将会降临到他们身上。"几乎所有曾为亨利·福特工作过的工人都怨恨福特，而那时候几乎所有没有进入福特工作的人都对他极为仰慕"，社会批评家乔纳森·伦纳德在那年写道。请注意那个词："那时候。"

福特重新回到汽车销售的领跑者地位也只是昙花一现的事情。A型车诞生以来各种争议不断,不论从外观还是机械性能来看,它仍旧还是属于非常传统的汽车。技术上,福特公司在 1932 年迈出了另一个大跨步,发布了搭载 V-8 单体铸造发动机缸体的第 18 代车型,这种发动机原型成为随后几十年汽车厂商竞相模仿的对象,但是福特和它的缔造者还是忽略了一个重要的信息:即便是困难时期,买家们还是热衷于款式、舒适度和便利度。

国际上,20 世纪 30 年代以来,亨利・福特变得更加难以服众,开始自食其果。一份由福特资助、威廉・卡梅隆编辑的杂志——《德宝独立报》,是第一次世界大战以来美国国内出现的反犹作品中最为尖酸刻薄的一员;同时也最坚定地登载粗俗下流的俄罗斯人写作的反犹小册子《锡安长老议定书》。福特本人给迪尔伯恩杂志写的作品被收录到《国际犹太人》(*The International Jew*)一书中。和《锡安长老议定书》一样,该书指控犹太人密谋破坏了基督教文明。大洋彼岸,福特深受德国国民社会党的领导人及其爪牙的喜爱。战后,希特勒青年运动的领导人供述说,他学会憎恨犹太人并非源于希特勒激情四射的演讲,而是源自亨利・福特的作品。福特也是唯一一位被希特勒在《我的奋斗》(*Mein Kampf*)中赞美的美国人。为强调他的仰慕之情,1938 年 7 月在这个汽车制造商 75 岁生日时,希特勒还特意致意,同时还附送上一枚第三帝国最高等级的德意志鹰大十字勋章,对此福特也是很欣喜地接收下来。那年早些时候的一次较为严重的中风导致福特头脑有些混乱,他坚信富兰克林・罗斯福就是通用汽车和杜邦控制的战争机器。 [182]

一辈子都没有像约翰・戴维森・洛克菲勒和安德鲁・卡耐基那样慷慨大方,亨利・福特死后才通过福特基金会捐掉大笔财产,而这个基金本身为他的继承人在联邦遗产税方面节省了 3 亿美元以上。福特基金会也很及时地资助了一系列自由主义和社会福利方面的项目计划,这些可能都会受到福特本人的厌恶,但却有利于缓和这个汽车制造商的形象,并有助于将其从晚年的许多行为活动所造就的恶劣后果中略微救赎。这还真是最终极具讽刺意味同时又充满矛盾的一生:亨利·福特一直觉得,一个产品应该能够自己卖得出去。

[183]

第十章
罗伯特·伍德鲁夫：品牌就是一切

一

工业革命创造了人类历史上前所未有的富足：产品丰富多样，几乎胜任所有用途，能够满足形式各异的需要。与此同时，消费者革命也带来了一些新东西：一个充满各式各样需求和欲望的巨大市场。在由 19 世纪缓慢过渡到 20 世纪的过程中，媒体逐渐开始成为二者间的中介。

从 1830 年到美国南北战争开始之前，美国国内发行流通的杂志和报纸数量翻了 6 倍，涵盖的主题超过 5000 个。人口扩张的同时，识字的人数也在增加。如果说战争给南方造成了严重的物质匮乏——随着战事的蔓延甚至纽扣和钉子都成为极为珍贵的商品——在北方这场战争却是刺激了经济增长，也由此增加了许多新的原材料来源。重新统一以后，战时的生产力开始转化为生产消费者所需要的产品，接踵而来的是现代广告印刷业的诞生。

每种产品突然都有了一个宣传标语，每条标语都努力去影响消费者选择；而随着选择数量的增加，给选择增加影响力的必要性也相应提升。不消说，这两者合二为一就是出版商们的最佳伙伴了。1867 年，美国各类广告支出达到 [187] 5000 万美元左右。13 年后的 1880 年，这个数字攀升到 2 亿美元，到 1900 年超

133

过了 5 亿美元。到 19 世纪末，像《时尚》和《麦克卢尔杂志》这种流行月刊杂志，单期的广告页数高达 100 页。20 年之后，一种新的广告媒介——无线广播，更是把全美人民的选择大大提速了一下。1928 年，无线广播吸引了超过 1000 万的广告，1929 年所有媒体的广告支出加起来接近 35 亿美元。

就在那时，广告行业也迎来了一个最为重要的行业开拓者，一个即将要成为 20 世纪最成功的品牌塑造的人。一个大学辍学生，只通过市场营销和组织技能就把一个和竞争者们几乎没有任何区别的带点颜色的糖水，变成迄今为止最为成功的世界性产品。他的名字是罗伯特·伍德鲁夫，产品是可口可乐。以下是有关他成功的一些可度量的数据：1928 年可口可乐公司公开上市，股价为 40 美元每股，这还仅仅是伍德鲁夫接手那个濒临死亡的 40 年企业后的第五个年头。70 年后的 1998 年，假定所有的股利分红全部做了重新再投资，那么当时 40 美元一股的原始股，已经涨到了 680 万美元，年化投资回报率约为 25%。由于他本人持有数量可观的原始股，罗伯特·伍德鲁夫享受着他掌控下的公司的高歌猛进。截至 1985 年 95 岁离逝，伍德鲁夫一共给他 1909 年辍学的大学——埃默里大学，捐赠了 2 亿美元。

二

罗伯特·伍德鲁夫的童年鲜有东西能够预示他后来伟大的成功。出生于亚特兰大的一个富人家庭，伍德鲁夫和他的两个弟弟从小在一个霸道专断严肃自律的父亲的拳脚下长大，他们的父亲似乎禁止家里有欢笑声。学习成绩很差而且智商也不高——许多年后，他在可口可乐的下属甚至怀疑他是否曾读完过一本书——伍德鲁夫从男子高中退学之后，被送到佐治亚军事学院完成中学阶段的学习。作为学生,他在那个地方的表现也毫无起色,同样也没表现出对教室内还是教室外的事情特别感兴趣的倾向。但是,在他父亲的坚持下,他于1908年秋进入了埃默里,当时埃默里还只是位于佐治亚州牛津市的一个学院。他在那里仅仅待了一个学期。"我不认为对他而言这个学期回到学校是个明智的选择,"埃默里的校长在写给伍德鲁夫父亲的信中写道,"他从来没有试着专心学习,又经常性的缺课,因而已经不可能成为一名合格的学生了。"

19岁的时候,罗伯特·伍德鲁夫——一个没有受过多少教育的劳动力,一时找不到工作,就到通用管道铸造公司(General Pipe and Foundry Company)当了一名堆沙工。14年后,可口可乐邀请33岁的伍德鲁夫以年薪36000美元担任公司总裁,而当时他每年已可以赚到75000美元,同时美孚石油公司也给他开出了年薪25万美元担任公司总裁的条件。这期间发生了什么?事实证明,生活是一个比学校更好的教导者,也是一个更适合寻找成功的地方。

尝试了一系列工作之后,包括到一家冰激凌公司担任采购代理,伍德鲁夫最后通过一个亚特兰大的熟人,找到了一份怀特汽车公司东南方销售人员的工作。在那里,他学会了这么一个道理,即不论他当学生时候有多糟糕,他还是可以把几乎所有东西卖给任何人。交易中既直接又诚实,伍德鲁夫发展出一套他称之为能够完成交易的"重要性人物"的无偏差性直觉。如果不是正好朝那个方向刻意培养的结果,那么伍德鲁夫就是一个与生俱来的领袖式人物,他拥有许多竞争者都不具备的和高官要员们打交道时的那种自信和从容。 [189]

第一次世界大战期间,伍德鲁夫离开怀特公司加入美国兵工署(U. S. Ordnance Department),在此期间他也对自己的前任雇主和未来雇主照拂有加:在他的帮助下发展出来的一种运兵卡车在战争年代给怀特的盈亏报表增色不少。伍德鲁夫所取得的成功和他的能力被他那不友好的父亲一一看在眼里。

1919 年当欧内斯特·伍德鲁夫筹集了一个辛迪加贷款,以 2500 万美元的价格收购了可口可乐公司时,他也给他儿子提供了一个地板价的购买机会,私下以 5 美元每股的价格提供交易(伍德鲁夫同样也确保他的玩伴——"佐治亚桃"〔Georgia Peach〕泰·库伯〔Ty Cobb〕能够从该行动中受益,这个友谊行动日后让库伯大赚了一把)。而当他们购买的公司管理上没法达到他们的预期时,欧内斯特·伍德鲁夫和他那些辛迪加伙伴们又喊上罗伯特了,这次要他将这款软饮料制造商指引到正确的方向上。

作为一个亚特兰大人,伍德鲁夫对这个产品很是熟悉。1886 年,当地一个名叫约翰·斯蒂斯·彭伯顿的药剂师,在自家后院的一个三脚铜壶里调制出了一种焦糖色的糖浆饮料,从此可口可乐就诞生了。作为一个卫理公会的教徒,伍德鲁夫可能更早就知道可口可乐了。他小时候主日学校的老师是艾萨·肯德勒,此君是一位亚特兰大的企业家,1891 年以 2300 美元的价格买下了可口可乐公司,并在接下来的四年之后将这种软饮料推向全美。就软饮料行业自身而言,伍德鲁夫清醒地认识到,他对这个行业的认识不比"一只猪对星期天的了解"多多少。但是,作为一个销售人员,他很清楚地认识到所面临的最大困难是:在怀特汽车的时候,他提供给客户的产品有一个清晰的用途——卡车可以搬东西,它们可以将把市场和顾客连接在一起。在可口可乐的时候,伍德鲁夫需要向客户兜售的产品是一个绝对没有人需要的东西。

相比过去一直以来辉煌的战绩和成就,罗伯特·伍德鲁夫现在更需要肯定
〔190〕
的业绩。许多方面来看,他作为一个老板实在不好伺候——他讨厌一个人独处,经常在最后时刻打电话叫他的高管人员过来吃饭,或者在午夜醒来的时候也会打电话叫他们——即便如此,伍德鲁夫还真是一个极为擅长挑选人才的人。他那些高级助手都是前佐治亚理工的足球队队员,这些人里面伍德鲁夫挑

出那些有商业潜质的,而且他还能将以前的对手转化成盟友,比如阿瑟·阿克林,一个前税务稽核署的雇员,他在努力催缴可口可乐的所欠税款时引起伍德鲁夫的注意。

在税收问题上,伍德鲁夫表现得极为强硬。当佐治亚的州长尤金·塔尔梅奇(Eugene Talmadge)试图征收一个对可口可乐利润有所损害的萧条时期商业特别税时,伍德鲁夫对公司进行了重组,将管理总部搬迁到特拉华州的威尔明顿市。直到 10 年后佐治亚立法当局取消了这个税收,可口可乐这个亚特兰大公司的典型代表才重回故里。

20 世纪 20 年代正如其他一些公司开始日益重视科学应用决策,伍德鲁夫领导下的可口可乐也使用了一些市场调查和营销研究方法。然而,鲜有公司像可口可乐那样如此彻底地将这些研究结果投入应用。1927 年开始,马克·彭德格拉斯特写了一本非常详尽却又笔调轻松的公司史著作——《上帝,国家和可口可乐》,可口可乐公司的调查员用了三年时间调查了 15000 个零售店,就是为了研究销售数量和交通流量二者之间的准确比例,这样一来销售队伍就可以实时知道对每个可口可乐的销售点应当倾注多少注意力。后续,他们又问卷调查了 42000 名汽水柜台顾客,追踪调查最初购买汽水产品和其后选择可口可乐二者之间的联系。

在公司内部管理方面,伍德鲁夫同样也应用了一些科学原理。在艾萨·肯德勒和他那些亲信的领导下,可口可乐的运营更多是靠直觉而非规则。在伍德鲁夫的领导下,从记账到自动售货机配货、卡车颜色、开车司机的制服、汽水柜台可口可乐的灌注方式以及公司商标标志的呈现和标点符号使用,所有这些都有规则和程序操作手册(名字和标志本身是约翰·彭伯顿的杰作,弗兰克·罗宾逊则认为广告中用两个大写的 C 看起来会更好)。可口可乐的装瓶工厂长 [191]

久以来就是一个相当独立自由的地方,但是即便在那里伍德鲁夫也尽最大努力引入秩序和增加可预测性。可口可乐那些交口相传的故事加上有关伍德鲁夫努力工作的事迹后变得更加的丰富多彩,这里面包括伍德鲁夫参观那个特别肮脏凌乱的装瓶厂的故事。

"老板叫来了厂长并告知他最好在明天之前把车间打扫干净,否则他就将被换到别的线上工作",马克·彭德格拉斯特的记述写道。

"'但是,伍德鲁夫先生,'厂长抗议说,'完全清洁起来没什么不好,但是明天又会变成这样的。'一阵紧张的沉默中,伍德鲁夫缓慢地把香烟从嘴巴里抽了出来,他的眼睛仿佛要在厂长身上戳出个洞来。'你总得擦屁股吧,是吗?'伍德鲁夫说道。撂下这话后,他把香烟一扔就走了……"

这事不大可信?但极有可能是真的,然而我们有理由怀疑,伍德鲁夫和他那些圈内朋友很乐意鼓励这种传说的流传。他们比那个时代的任何人都更要清楚品牌的重要性,并且也深知品牌的树立需要内修外炼,在公司外部通过顾客和产品的互动及其中传递的信息塑造品牌,在公司内部则需要通过自我编织的公司神话加以说服实现。

然而,最重的是,罗伯特·伍德鲁夫明白品牌是通过广告塑造的,但并非任意的广告都可以。

[192] 到 20 世纪 20 年代,负面广告几乎成为广告行业的标准制式。广告中家庭悲剧随处可见,不注意个人卫生所造成的危害极大。误用的护手霜、质量低劣的清洁剂、长筒袜和食品,可能让你丢掉工作,失去社会地位和朋友,对身体健康造成影响,或影响到你孩子的未来。波斯塔姆公司在卖不含咖啡因的谷物早餐热饮时,不是通过宣扬其味道促销,而是展示一个"被咖啡所害"的男孩放学后需要再辅导以弥补学业上的低效率。胡佛公司在卖他的真空吸尘器时,也不

是保证干净得一尘不染，而是在很醒目的地方刷上"脏地毯危险！"如果广告不攻击一些负面的东西，那么就得做一些积极的辩护了，努力对自己的产品可能受到的指责进行辩护。

在伍德鲁夫接管公司之前的日子里，可口可乐在这两个方面都做了尝试。当时一个标准的产品广告呈现了火辣的太阳无情地炙烤着可口可乐的购买者，传递的消息似乎是：买可口可乐，否则将被烈日晒化。另外一个广告是援引了斯梅德伯格（Schmiedeberg）博士的证词，说明可口可乐实际上不会上瘾，对大脑不会造成损害，对消化系统不会有不良影响，也无碍于道德品行（1921年美国参议院议员汤姆·瓦特森〔Tom Watson〕信誓旦旦地和他的同事们说道："有一个妇女喝可口可乐上瘾后丧失了生育能力"）。这类指控在整个20世纪20年代都一直持续不断，也屡屡受到基督教妇女禁酒联合会（Women's Christian Temperance Union）的攻击，而可口可乐公司在生产过程中使用了脱咖啡因的古柯叶也易于落下口实。然而，在伍德鲁夫的领导下，同时在阿奇·李和迪阿西（Archie Lee and D'Arcy）广告公司的大力帮助下，可口可乐公司的广告战彻底改变了之前的颓势：喝一罐可口可乐并非一件关乎道德、政治或社会的事情，尽管这样做会让你加入许许多多的优秀同伴之列。喝一罐可口可乐也无关身体健康，当然可口可乐对你身体也是绝无损害。总而言之，最为重要的是，喝一罐可口可乐只是一个简单的犒赏自己的机会，在一个错综忙乱的世界之中享受片刻的欢愉。

直到1929年，阿奇·李著名的广告词"心旷神怡的一刻（The Pause That Refreshes）"才在《星期六晚邮报》（*Saturday Evening Post*）的一则广告上开始投放，但是在此之前这段广告词所要表达的精神早就在那了。可口可乐让你"享受工作玩乐之渴"。它"永远清新快乐"，它是让你停在一个"凉爽快乐空间" [193]

的最佳理由。"让你心旷神怡"1924年的广告词写道:"可口可乐的魅力所有汽水柜台随处可见。"

为了把这些广告词说得更彻底,迪阿西广告公司还找来了当时最好的插画作家,包括诺曼·洛克威尔(Norman Rockwell)和N.C.魏斯(N. C. Wyeth)他们,创作出一些可以将这种软饮料同顾客们难忘的时刻联系在一起的画面。"你们在销售的不仅仅只是一种软饮料,同时还是一种想法",伍德鲁夫告诉他的广告工人,诺曼·洛克威尔画里面那个满脸雀斑的男孩坐在一个钓鱼洞边,旁边是一瓶可口可乐和他们家的狗,正是捕捉到了伍德鲁夫在寻找的东西。那些最美国的东西也应当是可口可乐的最佳关注点。不仅仅只是简单地重复美国文化元素,可口可乐的广告也开始塑造它。1931年以前,欧洲和美国所描绘的圣诞老人各式各样,有的画得高大瘦削,有的画成一个小矮人;穿的衣服从蓝到黄什么样子的都有。然而,1931年,哈顿·桑德布鲁姆(Haddon Sundblom)为可口可乐画了第一款之后成为年度序列的圣诞广告,至此之后圣诞老人就固定成桑德布鲁姆画上的样子了,胖乎乎乐呵呵穿着黑色的高筒靴,带着黑色宽大的腰带,永远都穿着可口可乐红。

1938年,迪阿西的一个高管给广告机构写了给可口可乐做广告的35条规则,这些规则不仅反映了伍德鲁夫对良好广告词和产品微观管理方面的偏好,同时也体现了他对品牌和形象的远大考虑。这些规则包括如下:

　　——决不能将商标"可口可乐"分成两行。

　　——每当冷藏箱打开时,右手边的开瓶器都应当尽可能处于开启状态。

　　——商标决不能涂抹以免达不到完美地清晰可见的程度。

　　——决不能用"它"指称可口可乐。

——决不能在私人意义上使用可口可乐——比如,"可口可乐邀请您共进午餐"。

——决不能明示或暗示可口可乐应该给很小的小孩喝。

——油画或彩色照片上如果有女孩子,应当呈现一个黑褐色头发的,不要用金发碧眼的。

——少女或年轻妇女应当是那种健康向上朝气蓬勃的类型;不要那种看上去俗气世故的女性。

在迪阿西公司里,可口可乐广告中那个喝着可口可乐朝气蓬勃但总是体态丰满的褐发女子,后来就是著名的"亚特兰大姑娘"——"性感都在臀部以上",一位广告公司的高管曾这么解释道。

三

如果说可口可乐的广告都是倾向于宣扬一个理想化的世界,那么可口可乐的那些媒体战和特许经营无非就是一些陈年旧事了。伍德鲁夫时代可口可乐的历史,就是一个不断用好每一项新的技术、文化和美国生活中新社会现象的历史。

20世纪20年代修建了60万英里的高速公路,美国人开始走上了公路时代,可口可乐与他们一路为伴。第一批"乐之男孩"(Ritz boy)的大型露天广告牌于1925年出现:一个微笑的旅馆侍者推着一个推车,手里拿着一瓶软饮料和一个玻璃杯。画面上的字写着:"一天6000000",几十年后当麦当劳取得辉煌成功时,也用上这个怀旧式的广告词。乐之男孩广告上的瓶子似乎在说:可口可乐的基础是汽水柜台的销售。到20世纪20年代中期,遍布美国的约11.5

万个汽水柜台上面都可以买到可口可乐。现在,为了和公司政策保持一致,即可口可乐必须始终"与有需要的顾客近在咫尺",伍德鲁夫在高速公路沿线新出现的 150 万个为新兴的旅游群体提供加油服务的加油站也做了跟进。服务站的业主只会加油不会调制软饮料,这意味着那些瓶瓶罐罐必须成为一种全新的标准化分销设备,这样一来汽车里面的大众们才能始终清楚的知道,这里面有可口可乐,那个可口可乐从来都是一样冰凉。1928 年,可口可乐公司研发出了一款立在架上的方形金属冰盒,冰盒是可口可乐红,公司还找到了一个制造商,生产成本只需 12.5 美元。12 个月里面,这种分销盒卖了 3.2 万件,瓶装的可口可乐也第一次在汽水柜台以外的地方进行销售。五年后,威斯汀豪斯发明的电冰箱替代了这种冰盒子——竞争者们称之为"红色魔鬼"。不久,这种电冰箱可以通过投硬币操控了,进而现代软饮料售卖机就诞生了。正如一个装瓶工人说的,这种冰箱"同时是一个广告经理、销售员、伙计、送货童加仓管员,而且有时候甚至还客串了一个收银机"。

这些瓶子帮可口可乐装上了脚:市场在哪里它就可以到那里。六罐装再一次让软饮料市场火了一把。伍德鲁夫曾经试验过可口可乐的六罐装——20 世纪 20 年代中期那时称为"六个盒子",但是一直到 30 年代家庭冰箱足够普及的时候,这种包装才有了市场。彼时,可口可乐公司一下子就抓住了机会。几乎一夜之间,这种新的包装盒在成千上万的 A&P 食品店和 Piggly Wiggly 食品店都可以买到。为了推动市场,可口可乐雇了一小分队的妇女挨家挨户地分发免费试饮的优惠券,并帮助有家庭主妇的家庭安装了可口可乐的开瓶器。如果这些还不足以刺激消费,可口可乐公司还派发了上百万份的由当时一位流行电台的女主播编写的一本家庭娱乐方面的读物。她的建议包括提供"可口可乐或番茄汁鸡尾酒……配上烤面包"以及"让早餐变得更加生动有趣的时候"可以来

[195]

点包括"可口可乐加上葡萄柚"在内的其他一些佐料。

到 1930 年，可口可乐每年在广播电台上的花费接近 40 万美金，这里面包括资助由著名运动记者格兰特朗·莱斯(Grantland Rice)担纲解说的体育赛事（莱斯是伍德鲁夫的好兄弟，他在节目开始之前都会采访泰·库伯和伍德鲁夫的另一位朋友，同时也是他的高尔夫玩伴——传奇人物小鲍比·琼斯〔Bobby Jones Jr.〕）。此后不久，可口可乐公司又将注意力转到新崛起的电影市场。公司在洛杉矶的分装商雇用了一个前无声电影时代的电影生产商，让他到好莱坞所有的停车场上派发可口可乐的产品：所有现场拍摄的地方每天要消耗 5 箱，马克·彭德格拉斯特写道，每个大明星每个月要消费 2 箱。当斯宾塞·特雷西(Spencer Tracy)在 1939 年的电影《试飞员》(*Test Pilot*)中叫到"请来两瓶可口可乐"时，可口可乐公司所需的回报一下子都得到了：在那个喜欢冒险的时代，将产品和勇敢的试飞员联系在一起，正是公司想要做到的事情。

四

"不是产品本身而是他们的做的事情让我们感兴趣"，阿奇·李提到伍德鲁夫时写道，而可口可乐公司做到的一件事情就是，不停地通过最佳的曝光将自己与美国的历史和生活中的一些重要时刻捆绑在一起。

1928 年，可口可乐首次进入奥运会，当年 1000 箱软饮料和美国队一起被送往鹿特丹。其后，1932 年洛杉矶奥运会和 1936 年的柏林奥运会，可口可乐公司也都参加了。虽然希特勒对美国黑人短跑和跳远双料英雄——杰西·欧文斯(Jesse Owens)和他的四块金牌怒不可遏，但是由于德国分装商极为成功的运营，以及运动员们和参观者们对这种软饮料的巨大需求，让可口可乐忙得不亦乐乎。因而，此后每次奥运会上这种软饮料都会大举出镜，这其中包括 1996 年亚特兰大的"可口可乐奥运会"。

当 20 世纪 30 年代美国经济开始复苏，可口可乐也下意识地传递出信息说局面将有所改观，生活肯定会有所好转。大萧条时期可口可乐广告并没有呈现那个时代冷酷的现实，而是展现了人们在肯塔基州德比狂欢节上，在老忠实喷泉的阴凉处①，以及其他那些类似的让人从当时消磨人的需要和价值暴跌中得以解脱的绿洲中，喝这种软饮料。新版的阿奇·李的广告语开出的承诺是，仅仅只要一个五分币，一罐可口可乐就会帮你"反弹回正常状态"。到了 1941 年底，"反弹回正常状态"似乎仍旧遥遥无期，可口可乐同样再次抓住了时机。

终其一生辉煌的市场营销活动中，罗伯特·伍德鲁夫最辉煌的举动莫过于在日本飞机摧毁珍珠港美国海军基地后不久说出的那 25 个字："无论何地，无论成本，每个军人 5 美分即可购得一瓶可口可乐。"毋庸置疑，这种誓言背后是爱国主义，但是这种情形下，爱国主义形象就愈发强化了，品牌塑造也就交口相传了。

为了证明公司对战事活动的投入，可口可乐卖了 23000 袋储备糖给美国军方。为确保军方在战争期间有足够的糖储备，可口可乐公司几乎同时开始编了一本名为《鏖战中休息的重要性》（Importance of the Rest-Pause in Maximum War Effort）的小册子。毫不稀奇，这本册子说到底表明的是暂时的休息可以令人焕然一新："休整换新人们才会工作得更好"，"科学研究"这样总结道："时间以前所未有的态势主宰着当下。战争中的国家以一个新的节奏尽其所能地

---

① 老忠实喷泉位于美国黄石公园内，近百年来以喷发时间固定可预测而闻名，是美国最著名的旅游圣地。——译者注

提高产能……在这样的时期里，可口可乐对工人而言极为必要。"同样，毫无意外的是，这个努力得到了回报。当其他软饮料制造商只能用上 80％的战前糖储备进行生产时，可口可乐还是扎扎实实地用上十足的糖份额，只要这个汽水是为士兵所生产的，并且只要士兵们还喜欢可口可乐。

[198]

"今天是一个如此重大的日子，因而我必须给您写信告诉您这个事情，"1944 年一名军人在意大利给他在家乡的哥哥的信中写道："这里每个人都得到一瓶可口可乐。这对你来说，可能不算什么；但是，我希望你能想想这些远渡重洋 20 个月的伙计们。他们把自己的可口可乐紧紧抱在胸前，跑回自己的帐篷，就那么盯着可口可乐。现在都还没人打开喝，因为一旦你喝了，它就没了，所以，他们不知道怎么办才好。"

拉着一面"胜利阅兵进行曲"（Victory Parade of Spotlight Bands）击打乐的广播演出大横幅，可口可乐公司往全美国军事基地派去了许多流行乐队进行巡演。1942 年圣诞节那天，和海军署联合，可口可乐资助了一场名为"山姆大叔的圣诞树"的演出：43 个管弦乐队同时在 43 个美国军事基地现场表演。为确保那些由于太小没法参加战斗的小孩也能知晓这方面的信息，或者让他们也有机会参与到这些战事努力中，可口可乐公司以 10 美分的价格销售了一本面向儿童的名为《了解你的战机》（Know Your War Planes）的读物。

"这可是货真价实的"（It's the Real Thing），这是可口可乐公司在 1942 年的广告中最早的公开承诺。一直到第二次世界大战结束，可口可乐公司确实也都是在这么做。马克·彭德格拉斯特援引了一篇刊登在 1945 年 6 月 19 日《华盛顿时代先锋报》（Washington Times-Herald）上题为《百万人在此游行欢呼

迎艾克①》(Millions Cheer Ike at Parade Here)的文章:

> 昨天斯塔特勒丰盛的午餐会之后,有人问艾森豪威尔将军他是否还想要点别的。
>
> "谁能给我一瓶可口可乐?"他问道。
>
> 打开盖子后,将军说他还有一个要求。问他要的是什么时,他回答道:"再来一瓶可口可乐。"

此后不久,艾克和罗伯特·伍德鲁夫就成了高尔夫球场上的好朋友。

[199] 战争结束后,可口可乐每年的利润超过了 1 亿美元,而这种软饮料也成为 1100 万返乡士兵、水兵和空军个人历史故事的一部分。在一个 1948 年由《美国退伍军人杂志》(American Legion Magazine)做的调查显示,有近 64% 的老兵提名可口可乐为他们最喜欢的软饮料。战争前也已经赢得了一部分市场份额的百事可乐只得到不足 8% 的支持。同样是那一年,可口可乐的销售利润达到 1.26 亿美元,大约是百事可乐的 5 倍。作为一名曾经的狂热分子,伍德鲁夫拒绝从自己嘴巴里说出"百事"这两个字。

五

或许比赢得美国大兵们全心全意的支持更为重要的是,战时的那些努力把可口可乐介绍给了遍布欧洲和亚洲的成百万上千万的士兵以及那些与战争无关的人员——"这个国外市场抽样和扩张工作原本可能要耗时 25 年花费上百

---

① 艾克,即艾森豪威尔将军,美国第 34 任总统。——译者注

万美元",正如一份公司内部文件这样描述道。现在,随着战争结束,美国市场已经全线占领,罗伯特·伍德鲁夫接下来开始要征服剩下的世界。

几乎是一夜之间,伍德鲁夫授权了 1300 家瓶装厂开始用多种语言做广告。不久,从阿鲁巴①(Aruba)到澳大利亚的广大地区,可口可乐一天可以卖出 5000 万瓶。最终,在伍德鲁夫的统领下,可口可乐公司在 72 个国家都设立了瓶装厂,并且能在 70 多个国家销售其产品。1960 年,可口可乐公司为兵工厂引进了一种新包装——为把可口可乐运送给在韩国的部队而开发出来的一个新型的金属罐。第二次世界大战中行之有效的那一套在这里又再次派上了用场。

并非进入所有的国外市场都是一帆风顺。早在 20 世纪 20 年代中期,一次开拓世界市场的尝试就陷入了泥沼。可口可乐公司发现,按照发音直译为中国文字,"Coca-Cola"就是"蝌蚪啃蜡"。"喝瓶可口可乐让自己心旷神怡",在德语中听起来就像"用可口可乐洗手"。在古巴推广可口可乐时,他们在空中挂标语就遭受了一个严重的打击,一阵风把"Tome Coca-Cola"变成"Teme Coca-Co-la":"害怕可口可乐",而不是"喝可口可乐"。许多文化中都出现针对可口可乐的一些焚烧破坏行动,这些更多时候并非针对一个公司拙劣的扩张举动,相反却是对美国广告的千篇一律和流于粗俗的一种回应。 [200]

在纽约市,消费者日日夜夜都要适应那些大肆渲染产品好处的电子广告牌。即便是美国乡村,广播每天至少有四个小时的时间,都在空气中散布各种广告歌和各种承诺。在巴黎和罗马,在那些旧世界的小城镇里,许多人视可口可乐为美国商业入侵的急先锋,将导致国内商业被横扫,并将新世界的俗艳强

---

① 阿鲁巴,即阿鲁巴岛,是西印度群岛中荷属安的列斯群岛中的大岛。——译者注

加于己身。愤怒的意大利人在罗马的大街小巷上打砸可口可乐,而法国人则埋怨可口可乐对他们的国家认同感造成冲击。一家法国报纸宣称"可口可乐化"威胁到西方文明——或至少对法国酿酒商和他们那些好酒的消费者们构成威胁。甚至温和中立的法国《世界报》(*Le Monde*)也将可口可乐的宣传比作纳粹式宣传。法国政府甚至发布一项法案要求禁止这种饮料,而法国的一个政党还为申讨贬低可口可乐专门提供了一项公共服务。愤怒的人们还为此动了粗,在可口可乐赞助的一项法国自行车赛事上,愤怒的观众往赛道上投掷垃圾碎片;其他地方,愤怒的群众掀翻了可口可乐公司的配送卡车。然而,最终这一切都不了了之。罗伯特·伍德鲁夫这个有产品有使命感的人,他从来就不会被任何事情吓住。

1948 年可口可乐的首次世界大会在大西洋城召开,大会弥漫着福音式祈祷。"请求上帝给予我们信心……让我们能够服务那些眼巴巴等着我们产品的 20 亿顾客",一个公司高管祈祷道。大会上展示的一个海报向所有与会者保证 [201] 道"说到共产主义的时候,我们就会想到铁幕,但是当他们想起民主时,他们就会想到可口可乐"。两年后,可口可乐瓶装厂遍布阿尔及利亚、巴巴多斯、刚果、塞浦路斯、埃及、直布罗陀、印度、伊拉克、肯尼亚、黎巴嫩、利比亚、摩洛哥、罗得西亚①、沙特阿拉伯、泰国和突尼斯,而这些还只是皮毛。

1950 年 5 月 15 日的《时代》杂志封面的大幅标语标示着"世界和朋友","爱比索、爱里拉、爱三便士②和喜爱美国式生活"。画里面展示的是一个细瘦的胳膊拉着一个微笑的可口可乐圆盘,上面放着一瓶可口可乐,一个饥渴的地

---

① 罗得西亚,津巴布韦旧称。——译者注
② 三便士,南非硬币。——译者注

球正要从中汲取。《时代》杂志说得很正式:罗伯特·伍德鲁夫赢了。可口可乐不再只是一个美国的饮料,正如一个名叫威廉·阿伦·怀特的记者曾经形容它为"一种升华的代表美国的内质"。而且《时代》杂志也很有理由庆祝这一胜利:伍德鲁夫是《时代》杂志共同创始人亨利·鲁斯的狩猎好友。

"我的工作就是卖可口可乐,就是为了看到尽可能多的人能够享用它",伍德鲁夫曾经说道:"我既非先知也非圣贤,也不是哲学家,而且我还怀疑自己在众多公共事务上的观点是否已经基于充分信息或具有任何的权威性,从而使得它们对人们有益或有些趣味。"正是凭借这种心无旁骛,他得以成功地将糖水变成一个亿万美元的公司。

六

1985年1月1日,罗伯托·戈伊苏埃塔(Roberto Goizueta)过来拜访,时年95岁高龄的罗伯特·伍德鲁夫已是垂垂老矣。出生于古巴的戈伊苏埃塔那时候是可口可乐的执行总裁,多年前伍德鲁夫从这个位子上退下来,但是在可口可乐的企业文化中,伍德鲁夫的影响力仍然极为深远,戈伊苏埃塔过来是希望得到伍德鲁夫的祝福。戈伊苏埃塔告诉这个大佬,一次次的蒙眼味觉测试都显示软饮料消费者喜欢百事可乐胜过可口可乐。这时不论投多少广告,不论广告有多好,结果都无法改变,是时候要改换配方了。戈伊苏埃塔要伍德鲁夫祝福那个名叫新可口可乐的新产品——在相同的蒙眼测试中明显胜过百事可乐和老可口可乐。 [202]

"做吧",据说伍德鲁夫最终很刺耳地叫了一句,眼中充满了泪水。

那年早春,新可口可乐投放到了市场,而随后迅速就被证明是20世纪最为引人注目的产品失败的例子之一。然而,罗伯特·伍德鲁夫没法目睹这个失败了。祝福这种更改配方的软饮料之后不久,伍德鲁夫就停止进食了,马克·彭德格拉斯特记述道。到新可口可乐突然遭遇失败时,这位大佬已经躺在墓地里面一个月了。然而,只要可口可乐很好地听取了罗伯特·伍德鲁夫的教导,那么从长期来看新可口可乐的大溃败也就无关痛痒了:新可口可乐溃败三年后,

[203] 一项独立调查显示老可口可乐是全世界最著名最令人仰慕的商标。

第十一章
时代华纳:将对立文化转化为普遍优势

一

　　1989 年秋,时代公司的高级官员,那些在平面媒体界如雷贯耳的名字,与全世界最大的娱乐公司——华纳传播,在加勒比海共聚一堂庆祝他们即将要实现的合并。也就是三年以前,通用电气以 64 亿美元的价格收购了国家广播公司的母公司 RCA,这是当时美国有史以来石油业以外最大的兼并案例。在几个月以前,花旗集团花了 35 亿美元收购了美国广播公司。1989 年 11 月,索尼花了 34 亿美元买下了哥伦比亚电影公司。在通讯业和娱乐业,出现的一切事情都是有关合并。现在,最大一宗合并即将完成:1990 年 1 月合并完成后,时代与华纳的合并将产生全世界迄今为止高达 141 亿美元的最大市值的传媒集团。

　　这桩联姻中,时代公司带来了将近 70 年的出版经验。时代公司的出版事业始于 1922 年的旗帜性新闻周刊,这家报纸是亨利·鲁斯(Henry Luce)和布莱顿·哈登(Briton Hadden)向鲁斯的朋友借了 86000 美元起家创办的。20 世纪 30 年代,鲁斯在《时代》的基础上又新创办了《财富》杂志和《生活》杂志,这个人在管理杂志主题上还真是个天才。20 世纪 50 年代《体育画报》开始登台,又 [207]

151

成为同类杂志的杀手。20世纪80年代末,距离亨利·鲁斯身故已有20载,在他开创的那个帝国里印刷图文已经不再是统治者了。鲁斯拒绝了电视,在这个行业发展的早期他甚至还放弃了购买一个电视网络的机会,但就在他死后的两年之内,时代公司开始将自己重新打造为一个通讯巨人,而不仅仅只是印刷大王。HBO电影频道和时代所拥有的庞大有线电视网,吸引了华纳通讯的眼球。

就华纳通讯来说,它走过了一条非常直接但又较为坎坷曲折的道路,才到达了公司的圣坛。1894年,当托马斯·爱迪生完善了他的电影放映机之后,电影和现代的样子就没什么差别了,华纳四兄弟几乎从一开始就在这个领域里打拼。当兄长们在他们家后院里支起一座帐篷放映他们的第一部电影时,最小的杰克·华纳还不到10岁。到20世纪20年代,杰克·华纳成为好莱坞的一个电影制片人,甚至还拥有一个签约明星:任丁丁①。华纳后来说到,这只最著名的德国牧羊犬是他工作室历史上最为靠得住的雇员——从来不会要求涨工资,也从来不会要求来个特写。1927年,不顾老大哈里的反对,公司筹集了400万美元,就是为了观众能在电影《爵士歌王》(*The Jazz Singer*)中听到艾尔·乔尔森(Al Jolson)说一句"等等……等等,你可不再是什么都听不见"!也正是因为有这部片子,华纳公司赚了个盆满钵满,电影的历史也从此被改变。在无声电影年代的最后一年,电影票房收入达到7.69亿美元。两年后的1929年,华纳的工作室重整旗鼓进军有声电影界,当年票房收入增加了19%,达到了9.13亿美元。

华纳兄弟最终痛苦地出局了,他们成立的工作室历经了许多次转手,有些

---

① Rin-Tin-Tin,是一只被一位美国士兵在第一次世界大战后从法国的德国军工厂救下的牧羊犬。——译者注

时候转到那些不认识的人的手里。1967 年,七度艺术有限责任公司
(Seven Arts Ltd.)首次收购了华纳兄弟,那时候华纳兄弟生产的电视连续剧
比其他任何一家大工作室都要多。两年后,七度艺术转手又把华纳卖给了出版
《超人》漫画和无法逾越的《幽默杂志》(*Mad Magazine*)的金尼国家服务公司
(Kinney National Service)。三年后,金尼将其改名为华纳传播,而华纳彼时已
经不仅仅只是一家电影和电视公司,而是变成一家娱乐公司,公司旗下整合了
从情景喜剧到大型游乐场的各式各样的产品。然而,吸引时代来与华纳兄弟公
司合作的并不是过山车项目,而是华纳手上保留的那些电视电影的相关版权,
经典的电视电影比如《小霸王》(*Little Caesar*)、《卡萨布兰卡》(*Casablanca*)、
《无因的反叛》(*Rebel Without a Cause*)等。

　　简而言之,华纳有内容,时代有渠道。在新的传播娱乐产业格局下,这种合
作令人无法抗拒。根本就不用在意两家公司文化各异、历史有别,以及创始人
一个是做新闻报纸,而另一个是做电影。

二

　　本杰明·华纳(Benjamin Warner)原本是波兰的一个农民,1883 年和妻子
珀尔·利亚·艾俊彬(Pearl Leah Eichelbaum)一起迁移到巴尔的摩,他们一共
有 9 个孩子,正是因为其中的四兄弟——哈里、艾伯、杰克和山姆——让他们的
家族名字(本杰明于 1907 年采用这个名字)为世人所关注。本杰明在波兰的时
候就是一个鞋匠,到了新大陆后他先是开了一家修鞋铺,继而是用小推车兜售
一些小物件,这也让他们的家从东海岸一直搬到加拿大,最后在俄亥俄的杨斯
顿安顿了下来。在杨斯顿,本杰明过着犹太人的生活,住的地方离犹太教堂只

有几步路，用意第绪语进行交流。年纪较大的两兄弟哈里和艾伯继承了他们父亲的虔诚，年纪较轻的两个则更多是被同化，但是杰克对此却尤为抗拒。

杰克四年级的时候就辍学了，他曾经解释说自己对父亲请来教导小孩宗教仪式的犹太教拉比不大感冒："我一点都没花心思。"一位目击者记得另一个场景，当哈里带来访的犹太教拉比参观房子时："哈里把拉比介绍给杰克，而杰克说：'拉比，你好吗？我见过您在宫里的表现，您真棒！'"这两则评论都是典型的华纳兄弟式评论，他们接着是想尽一切办法经营家庭的生意。

正是山姆·华纳把他那些弟兄们带进了电影业。1903 年他从一个熟人那里借了一台电影放映机，用几个兄弟姐妹积攒的零花钱，在杨斯顿的一个后院支起了一顶帐篷，几兄弟开始放映电影放映机自带的电影——《火车大劫案》（*The Great Train Robbery*）。此后不久，山姆和艾伯把电影放映机搬到了路上，在小镇上那些能人群聚集的地方放映《火车大劫案》。早期在俄亥俄奈丽斯（Niles）的一个嘉年华营地旁租了个店，一周就让他们兄弟净赚了 300 美元。1906 年，厌倦了路上的奔波，华纳四兄弟在宾夕法尼亚的纽卡斯尔——一个沿州公路距离杨斯顿 15 英里的钢铁城——开了一家店。他们爱称自己的剧院为"小瀑布"（Cascade），用的是从隔壁殡仪馆借来的椅子。哈里负责租借影片，艾伯负责记账，山姆管电影放映机，他们的妹妹罗斯弹钢琴。杰克则在电影换场之间唱歌，虽然绝大多数时候他的歌声都是把人们赶出了剧院。他后来到杨斯顿歌剧院演出，在一个轻歌剧团中唱男高音，用了一个很怪异的艺名——里昂·佐多（Leon Zuardo）。

"小瀑布"取得了成功，然而只要还是在一个单一的地点租用放映别人的电影，华纳兄弟算来算去都觉得他们的成功再怎么样都只是一个低级的成功。1907 年，杰克 15 岁的时候，华纳兄弟搬到匹兹堡并创建了杜肯影视交易中心

(Duquesne Film Exchange),他们买下电影并将其租给其他的分销商。这是他 [210]
们的全国化经营迈出尝试性的第一步。

商业上,杜肯迅速发展壮大。不久,他们的生意不再只是局限于宾夕法尼
亚和俄亥俄,而是扩展到弗吉尼亚、马里兰和佐治亚。然而,法律方面他们还是
存在一些问题。通过电影专利公司,托马斯·爱迪生掌控了所有的电影专利,
并拥有向任何试图商业化制作和放映电影的人收取授权费的权利。和蒸蒸日
上的电影行业中的其他从业者一样,华纳兄弟也和这种强制性做斗争;1912 年
的一个反垄断诉讼以后,司法部一劳永逸废止了这项强制性权利;这年正是最
高法院命令约翰·戴维森·洛克菲勒的美孚石油分拆的后一年。自那以后,杜
肯的电影生意就一路高歌猛进,接着哈里派山姆和杰克到圣路易斯制作两部低
成本电影。

结果就生产出像《平原大冒险》(*The Perils of the Plains*)这样的电影,大
家一致认为味同嚼蜡惨不忍睹。这些经历如此之痛苦以至于华纳兄弟不久就
回到了电影分销事业,这次哈里和艾伯搬到纽约,并在那里继续负责账务和其
他生意上的事情,而杰克和山姆则在洛杉矶好莱坞附近开了家店,而好莱坞正
是整个电影行业得以开始巩固做实的地方。除了其他优势,南加利福尼亚温暖
的气候使得生产商一年到头都可以拍电影。

华纳兄弟继续在电影制作方面做一些尝试,他们从来不安于身处电影食物
链的低端。1917 年,距他们首次在电影行业的角落做一些小打小闹 12 年后,
华纳兄弟终于第一次在商业上取得成功。由前美国驻德国柏林大使詹姆斯·
W.吉拉德(James W. Gerard)撰写的《我在德国的四年》(*My Four Years in
Germany*)本来就是一本畅销书,在华纳兄弟的手上,这本书变成一部反映极端
沙文主义的电影,电影中充斥着冷酷无情的德国士兵、被强奸的妇女和受到迫

[211] 害的无辜民众。对一战时的美国来说,这些正是一个正确的组合。这部电影于1917年12月首映,也就是美国的先遣部队抵达欧洲后的六个月。那时候,通过运营华纳,四兄弟创下了150万美元的总收入,净赚了13万美元;这笔可观的利润足以让杰克和山姆在好莱坞的贫民区创立自己的小工作室。在镜头的另一端,战争也给杰克·华纳带来了一举成名的机会:作为美国陆军通信兵的一员,他在一个讲述性传播疾病危险性的影片中扮演了一个重要角色。

1923年,华纳兄弟把他们自己的生意整合成了华纳兄弟影业公司。两年后,他们收购了一个即将倒闭的电影制作商Vitagraph,这家公司拥有齐备的全国性分销链。尽管从来没有这方面的经验,随着后续加盟的主要电影市场的影剧院的增加,华纳兄弟还是搭建了一个大型制版商的基本构架。华纳兄弟影业仍旧沉迷于一些低成本制作,许多时候都是用流行电影或流行演员的廉价仿制品。举例来说,没有条件雇用查理·卓别林,华纳兄弟就雇用他的哥哥。但是,观众和其他制版商也都不傻。

然而,这一切都将会有所改变,这个转变应当特别归功于山姆·华纳。1925年,杰克和山姆都在场的时候,一位声音方面的工程师告诉他们贝尔实验室正在研发一种技术,可以在电影制作中实现声音和影像的同步。对那些像米高梅和派拉蒙那样的成名制片商而言,新技术并没有多大的吸引力:不用引入声音,他们在自己的无声电影世界里就已经做得非常好了。对那些一夜暴富型的制片商而言,他们原本就没有投入多少,因而冒险进行这方面的尝试也没有多少损失。

[212] 多年后,哈里·华纳回想起那次改变电影历史进程的会议。哈里原以为他参加的是华尔街银行家的聚会,然而却是一个有关有声电影的展示。"我确定如果(山姆早说)这是关于'有声影片',那我就不会去了",哈里说道。他原想这

项技术就是"蠢话连篇"。然而，经过这次展示之后，华纳兄弟里最保守的这位也被说服了。在山姆的牵头带领下，在一样野心勃勃的电影业竞争对手威廉·福克斯（William Fox）之前，华纳兄弟和贝尔实验室签署了一份合同，生产一系列用维他风（Vitaphone）声录系统配置声音轨道的短片，而这一项使得他们最终的电影制作成本第一次增加了 400 万美元。自此以后，电影彻底改变了无声的状况。

1926 年 8 月 6 日，维他风声录系统在百老汇人头攒动的华纳电影院中首次亮相。除了历史方面的原因，放映的节目没有任何特别之处：先是山姆·华纳放了布鲁克林陈旧的维他风工作室制作的一系列短片，接着是杰克在好莱坞制作的一部全时长的电影——《唐璜》（Don Juan），担任主角的是华纳兄弟影业罕有使用的正儿八经的明星——约翰·巴里摩尔（John Barrymore）。而这种新技术在那种呈现形式中也根本没有显得那么有吸引力：维他风声录系统只是在每个动作背后播放一段音乐声轨，并非对话本身。然而，即便是这么相对简易的技术也足够吸引人了。

"《唐璜》成功首演的第二天早晨，《综艺》（Variety）杂志发了一个特辑专门报道这个即将到来的电影业变革，"电影历史学家尼尔·盖博勒（Neal Gabler）写道："华纳兄弟的股票从每股 8 美元一下子蹿到了 65 美元，华纳兄弟们一夜暴富。"

这个成功犹如昙花一现。维他风设备——本质上是一个和放映机同步播放的巨大录音播放机，不仅安装费用不菲而且很难操作，以至于虽然《唐璜》很成功，但许多电影院都拒绝预定。后续的其他维他风电影，包括另一部没人记得的由卓别林的替身悉尼演的喜剧，不论质量还是新鲜感，都再也达不到第一部的水平。1926 年底，华纳兄弟影业当年的赤字达到 100 万美元，表现虽要好于之前的年份,但却很难被视为是成功的先兆。然而,华纳兄弟们关心的是未来,他们可不希望自己在这个行业中被扫地出门。

华纳兄弟工作室花了5万美元买下了一部百老汇舞台剧的改编权。这部剧讲的是一个年老的唱诗班领唱和他离经叛道儿子的故事,那个儿子不愿继承父亲的衣钵,反而跑到一个夜总会唱歌。老父在犹太人赎罪日那天生病卧床不起,他那些教会的教友们请求这个关系已经疏远的儿子,代替年老的唱诗班领唱吟唱传统的请求宽恕歌——《希伯来晚祷》(Kol Nidre),然而这个事情让那儿子进退维谷:因为赎罪日那天正好也是他梦寐以求的一个出彩机会,他自己的百老汇滑稽剧就要在当天开演。舞台上,由乔治·杰塞尔(George Jessel)扮演的儿子那部分戏取得了极大的成功,好评如潮:这部剧在百老汇前后热映了38周。虽然华纳兄弟也认为电影最适合的人选就是杰塞尔,但是此后不久杰克和山姆还是决定用当时最当红的歌手艾尔·乔森(Al Jolson)取代杰塞尔。然而,他们保留下那部舞台剧的名字——《爵士歌手》。

1927年充斥着许多终将被载入史册的历史事件:贝比·鲁斯的第60个全垒打,查尔斯·林白(Charles Lindbergh)在《壮志凌云》(The Spirit of St. Louis)中记载了独自飞跃大西洋的经历,两个名叫尼古拉·萨科(Nicola Sacco)和巴尔托洛梅奥·万泽提(Bartolomeo Vanzetti)的外国移民因参加无政府主义运动被枪决,这些只是当中最著名的一些事件。但是,那个令人铭记的年份里鲜有时刻能与10月6日《爵士歌手》的首映在影响力上相提并论,这个时刻在电影历史上无出其右者。而当电影结束乔森以标志性的黑脸盘高歌他那首著名的"Mammy"时,所有那个晚上的电影观众都清楚地意识到电影将从此改变。

尼尔·盖博(Neal Gabler)写道:

那个清新而又生机勃勃的夜晚,百老汇的剧院里坐满了各界名流。如果他们对有声电影还存有疑问的话,那么他们马上就有答案了。派拉蒙的一位年轻高管在间歇期间跑到走廊里给他远在加利福尼亚的老板打电话说:"这是一项革命。"当影星艾尔·乔森大步走到台上时,他一下子被观众如雷般的掌声掩盖了,泪水顺着他的脸颊淌下。第二天早上,阿道夫·朱克尔(Adolph Zukor)把将近50个派拉蒙的管理人员召集到赛弗里广场的房间内,要求他们说明为什么没有制作出一部有声电影。类似的场景一时间几乎遍及整个电影行业。

[214]

除了新近成为纽约电影界最重要角色的华纳四兄弟,纽约电影界几乎没有几个重要人士缺席当晚的电影首映。在一出似乎只能是出自好莱坞手笔的故事场景中,在华纳影业乃至整个电影行业中,比其他任何一个人都更努力推进有声电影的山姆·华纳,在《爵士歌手》公开首映前的 24 个小时死于心脏病发作。

随着《爵士歌手》的放映发行,已经跌回到 9 美元一股的华纳兄弟影业股份股票一下子飙升到 132 美元,为了进一步巩固胜利的果实,从来都是华纳影业核心商业智囊的哈里选择进一步发展控股。截至 20 世纪 20 年代末,华纳兄弟影业每天都要购买一部新剧本,稳定增加唱片公司的采购,增加购置广播台、外国专利,与此同时还赞助百老汇的各种演出。第一次世界大战中被一名美国空军侦察兵从一个废弃的德国军犬站中发现的任丁丁,为华纳影业赚取了可观的票房收入。随着 1930 年兼并了第一国家影业(First National Pictures),华纳兄弟影业新增了一家伯班克的制片厂,电影分销链得到进一步提升,同时还拥有了包括巴斯尔·拉斯伯恩(Basil Rathbone)和洛丽塔·杨(Loretta Young)在内的一组非犬类明星。

在杰克·华纳的领导下，华纳兄弟同时还发展出一套屡试不爽的廉价电影制作套路——从当时的头版头条切入，使用公众一眼就能够认出的演员们在城市大街上拍摄，周围是一群自顾自的普通群众，包括卡车司机和拳击手，新闻记者和工人。就像在1930年的电影《小霸王》和《国家公敌》(*The Public Enemy*，1931)里，华纳都成功地捕捉了困难时期的主题。通过贝斯比·伯克利(Busby Berkeley)丰富的音乐滑稽表演，华纳兄弟在那个年代的逃避现实主义电影中也占有了重要的一席之地。而通过像《英宫外史》(*Disraeli*，1930)和反私刑的《永志不忘》(*They Won't Forget*，1937)，以及1939年的《一个纳粹间谍的自白》(*Confessions of a Nazi Spy*)——美国第一部有影响的反法西斯电影，华纳兄弟也展现了社会良心的一面。多亏杰克和哈里在不同方向上的努力，也多亏了一批稳定增长的新票房灵药，包括詹姆斯·卡格尼(James Cagney)、爱德华·G.罗宾逊、亨弗莱·鲍嘉(Humphrey Bogart)和贝蒂·戴维斯(Bette Davis)等演员，华纳兄弟同许多其他工作室一起安稳度过了大萧条。

到20世纪30年代末，存活下来的华纳兄弟成了好莱坞的正统大亨，成为了年收入接近1.8亿美元制片厂的老板。然而，随着山姆的去世和8年后他们的双亲先后几个月内亡故，哈里和杰克之间脆弱的休战协定彻底灰飞烟灭了。华纳兄弟影业仍旧有伟大的电影出来，比如1942年的《卡萨布兰卡》和第二年的《守卫莱茵河》(*Watch on the Rhine*)，但是那些帮助华纳兄弟和其他早期电影大亨们积攒起巨大财富的体系已经走到了尽头。1948年，政府颁布法令要求电影厂必须卖掉他们的连锁电影院。这样一来，正如亨利·福特梦寐以求的纵向整合体系走向灭亡。渐渐的，有关华纳兄弟影业最令人兴奋的故事就是关于他们兄弟自己间的事情了。

1915年，搬到洛杉矶后不久，杰克迎娶了艾尔玛·所罗门(Irma Solomon),几乎与此同时他开始到处追求镇上的年轻女性,出了名的始乱终弃。杰克的风流最终是在一个名叫安妮·佩姬·艾尔瓦拉多(Ann Page Alvarado)的可爱女演员身上安定了下来,在他们彼此离婚诉讼都没有最终裁决之前,他们俩就公开同居在了一起。1935 年,在父亲过世仅仅两个月,杰克和安妮就结了 [216] 婚。对虔诚而又严守道德戒律的哈里而言,他不仅无法接受不忠,同时也不能认同安妮的基督教徒身份,这不啻他们暴躁关系中的一道导火线:他时不时在制片厂四处说安妮是杰克的"娼妇",并且大多数时候他和他妻子都拒绝见她。更糟的情况还在后面。

1956 年,他们兄弟成立制片厂 30 多年之后,也就是詹姆斯·迪恩(James Dean)在《无因的反叛》的出色表演取得巨大成功的第二年,健在的华纳三兄弟同意卖掉制片厂,或者哈里和艾伯是这样想的。另一方面,杰克做了一个交易买回了自己的股份,成了制片厂的老板,其他两个兄弟则被排除在外。其实早在得知双重交易消息之前,只要杰克在场,哈里已经拒绝进入决策委员会。而当得知杰克背信弃义时,哈里不顾 75 岁的高龄,抢起一个铅管满停车场地追打他弟弟,大喊着要杀了他,但他最后奋力扔向杰克的管子却没打中,也就无法如愿。

第二年,当哈里和他妻子在庆祝结婚 50 周年时,杰克突然跑了出来,手里拿着一个香槟,嚷道:"哈里在哪里?我在公司忙得焦头烂额,他却落得逍遥自在。"1958 年哈里去世的时候,有人引述哈里遗孀丽(Rea)的话:"哈里不是自己死的,是杰克害死了他。"无论如何,杰克都不要参加哈里的葬礼:那时他正和达里尔·扎努克(Darryl Zanuck)在里维埃拉度假。同样,在他的自传《我在好莱坞的第一个一百年》(*My First Hundred Years in Hollywood*)中,他也尽量不提哈里。

1964 年，又一次家庭大争吵之后，杰克·华纳把与自己同名的儿子小杰克赶出了公司，从此几乎不再和他说话。两年后的 1966 年，他卖掉了华纳兄弟影业，这次是彻底卖掉了。又过了 12 年，杰克·华纳在洛杉矶去世，在电影行业留下了无出其右的粗鲁和坏脾气的恶名。当然，和他那些兄弟一道，他同样可以宣称大概参与了近 5000 部电影的制作，也见证了 20 世纪最具革命性的娱乐创新。不论如何，华纳家的杰克、哈里、山姆和艾伯确实把电影盛会推到了极致。

三

假如杰克·华纳一生中有另一个反面的极端——与他恶的一面相伴的隐蔽的善，那似乎就是亨利·鲁斯了。鲁斯 1898 年在中国登州出生，父母是传教士，他还帮忙进行了总统选举，并帮助制定了第二次世界大战前后几十年的美国海外政策。诗人卡尔·桑德堡（Carl Sandburg）曾经把他称作"史上最伟大的记者"。更全面同时也可能更加准确的是，作为当时最有影响力的教育家，芝加哥大学校长罗伯特·梅纳德·哈金斯坚定地认为通过他的杂志，鲁斯在塑造美国人性格方面的影响要比"整个教育系统加起来"的影响都要大。不论你是多么想视而不见，这的确是一个有影响力的人。

鲁斯的父亲是一个长老教派的牧师，在登州（现在的蓬莱）开了一所小学院，转信基督教的中国人可以在那里得到教学训导。除了偶尔回美国探亲，"亨利"·鲁斯整个童年都在中国度过，他一直都记得在那小学院以及和他父母居住的围墙大院里学到的那些东西。他母亲曾是基督教女青年会的一名社工。终其一生，即便是已经成为全世界最有影响力的出版大亨，鲁斯睡觉前都要进行跪地祈祷（他曾经解释说，宗教是一个"极为美妙的东西"）。鲁斯也从未忘记在父亲和其他那些试图改造和教育异教徒的牧师膝前学到的全球视野：美国比其他所有国家都好，正如基督教比其他任何宗教都更为出色，而资本主义也比其他任何经济体制都更胜一筹。并且，作为优等国家和优等国家的人民，美国和美国人都有神圣的义务和使命领导世界走出黑暗。不足为奇，西奥多·罗斯福是他一辈子都认可的英雄。

聪明、果敢、道德信仰坚定不移，15 岁的鲁斯 1913 年离开中国独自前往欧洲进行为期四个月的旅行，最后是到康涅狄格州哈特福德的霍奇基斯中学就读，那所学校是美国精英的传统堡垒之一，是当时公认的贵族启蒙学校。三年后，他进入了另一所几乎全是白人男子和新教徒的学校——耶鲁大学，在那里他加入了他的终极归属地——骷髅会，这是后来许多人的归所，其中就包括两位乔治·布什。在两个学校都靠勤工俭学和奖学金资助的鲁斯却和他那些富贵且有广泛社会联系的同班同学们一样，都具有一种位高责重的使命感：这是他们终其一生都保有的一种情感。对亨利·鲁斯来说，新闻出版正是实现那个终极目标的康庄大道。

由于有在霍奇基斯校报锻炼的经历，鲁斯帮助编辑了《耶鲁每日新闻》（*Yale Daily News*），在那里他给他的同班同学留下了极为深刻的印象，以至于当选为 1920 年班级最"出类拔萃"的成员。在牛津大学短暂的研究生学习结束后，他回到美国到芝加哥和巴尔的摩的报社工作。对一个耶鲁的毕业生而言，20 世纪 20 年代在报纸部门工作几乎是纤尊降贵——A. J. 列柏林（A. J. Liebling）曾经把报纸说成是"才智平庸之辈的收容所"——然而，那些日报只是亨利·鲁斯计划的一个驿站。

早在 1918 年，他和他在霍奇基斯及耶鲁的朋友布雷特·哈登（Brit Hadden)就已经谈起要创办一种全新的新闻报纸,它不仅仅只是报道事情本身,还要对它们进行解释,并且解释中还需要摆出用现代语言称为"态度"的东西——有点不尊重地卖弄聪明。就像杰克·华纳一样,鲁斯和哈登都想取悦读者们。一刹那,在一个更加有闲的社会里,娱乐变得不再只是一种消遣,它将要成为一笔大生意。但是作为曾经的牧师的儿子,鲁斯还试图想用自己的世界观训导读者们。

1923 年,鲁斯和哈登从他们那些更有社会关系的校友那里借到了 86000 美元,创办了全世界第一份周刊。他们将其命名为《时代》——"那是我们拥有的最弥足珍贵的东西",鲁斯后来说到——不论内容还是名字来看都是如此,每个条目都经过精心编辑,使得整个刊物一页页看过来花的时间不超过一个小时。为了吸引读者的注意,两位创始人给他们的杂志社设置了一个轻松活泼的风格,并使用一套独特的词汇。尤其是哈登对当时一些鲜有使用但被《时代》杂志变得极为普及的词汇很是敏感——这些词汇包括"巨头""社会名流"和"名望"。材料方面,编辑们从全国各地的报纸上搜罗故事,通常都是一些令人感兴趣的奇闻轶事,这些故事一般都很容易和鲁斯的目标受众,那些受过教育的绝大多数中产阶级搭上关系。为了加快消化,故事被压缩成一位评论家批评说的"缩减版摘要的基础上再做删减"。然而,快速阅读并不等于内容空洞无物:鲁斯从来都把自己的杂志视为是给"真正的"渴望知识的美国人提供的食粮,而所提供的这份非常独特的佳肴恰好与亨利·鲁斯自己温和的保守主义完全一致。《时代》支持公民权利,反对三 K 党①(Ku Klux Klan),该组织由于记录滥用私

---

① 三 K 党,奉行白人至上和基督教恐怖主义组织,也是美国种族主义的代表性组织。——译者注

刑激怒了种族隔离主义者，而鲁斯自己就是城市联盟（Urban League）和联合黑人大学基金（United Negro College Fund）的主要资助人。《时代》还支持进化论，反对原教旨主义。它不喜欢甚至还有些仇视共产主义，鄙视禁酒令，同时认为无神论者充其量就是精神失常的人。而有时候为了确保所有人都不会遗漏这些信息或认识有所偏颇，鲁斯和他那些编辑从不会忽略一些复杂的事实。

[220]

大多数知识分子都痛恨该杂志，然而知识分子毕竟只是少数。中产阶级的感觉全然不同，而这才是重要的。1927年，《时代》开始小有盈利。两年后，亨利·鲁斯和布赖特·哈登成为百万富翁。哈登没能继续享受《时代》前进的步伐——他1929年突发败血症死亡——但是对鲁斯和时代公司来说，好日子才刚刚开始。

1930年，坚信需要帮助商人们理解一个快速变化的社会，鲁斯发布了一本名叫《财富》的新商业杂志。似乎是为了强化这个看法，他给《财富》杂志定了一个不菲的价格：每期1美元，几乎相当于现今的9.5美元。这个方案或许不应该行得通——因为当时国家经济力量正处于低潮——然而它却成功了。鲁斯雇用了许多优秀人才来完善这份杂志，他给的报酬相当丰厚，他坚持认为出版的东西必须很好地加以研究，必须用最好的纸印刷并配上高质量的图画，同时他还给那些受雇的才俊们发挥直觉的自由。几年后，《财富》杂志发表了一份开创性的新闻工作者研究，专门研究美国商业中的反犹太主义问题。《让我们现在就赞赏名人吧》（Let Us Praise Famous Men）一书中，詹姆斯·阿吉（James Agee）和沃克·埃文斯（Walker Evans）热情洋溢地赞扬那些亚拉巴马州农村的贫穷白人，《财富》杂志对此从来未置一词，但是这本书本身却是源于《财富》交办的一项任务。

一度，他的记者们在报道华尔街的一个重量级人物，鲁斯身先士卒，买下了

《建筑论坛》(*Architectural Forum*)杂志,并发布了一系列纪录电影——《时代进行曲》(*The March of Time*),这些电影不久就在全世界的电影院中上映。虽然之前许多人都失败了,但是鲁斯坚信他自己能够在大型画报杂志上取得成功,20世纪30年代中期他买下了一份名叫《生活》(*Life*)的过气出版物。到1936年,他已经准备好用相同的名称出版他自己版本的杂志。

〔221〕

和《时代》《财富》一样,《生活》杂志也不仅仅只是反映世界本来的样子,这次是用图片展示;它同样试图奋力营造一个更加美好的地球,一个没有不公平和不平等的地球。然而,《生活》杂志同样还是鲁斯给读者展示世界各地各种不能归入正常新闻范畴的东西的一条渠道。他自己保有着永远不能满足的好奇,他想他的读者上也是如此。鲁斯曾经说过,他要人们看"《生活》——看的是精彩"。它们确实精彩,杂志销售的第一天,首期466000份就销售一空。此后不久,每三个美国人中就有一个每个礼拜都阅读《生活》杂志,《生活》杂志已经成为——现在仍是——美国历史上最流行的杂志。到第二次世界大战结束,亨利·鲁斯已经坐拥一家最庞大且最富有的出版企业。

四

和华纳兄弟一样,亨利·鲁斯的一生同样说明了财富上的巨大成功,并不必然就能转化为家庭幸福或天伦之乐。和杰克·华纳一样,出名之后鲁斯就抛弃了妻子,和一位业界的美女结了婚:一位名叫克莱尔·布斯·布罗考(Clare Boothe Brokaw)的编辑、编剧,后来成为众议院议员和驻外大使。和杰克·华纳一样,随着财富的增长,亨利·鲁斯也很快对高品质生活极为热衷。亨利和克莱尔·布斯·鲁斯住着豪宅,在艺术品上极为慷慨大方,外出一定住最好的酒店套房,但也未尝是最幸福的一对。

然而,和杰克·华纳不一样,亨利·鲁斯的抱负一向远大。在遇到安妮并和她结婚之前,华纳工作之余的时间都花在赌博、打网球和追女人上。用《时代》杂志的前主编亨利·格伦沃尔德(Henry Grunwald)的话来说,鲁斯"把自己视为上帝的合作者。他觉得自己在做上帝做的工作。"对鲁斯来说,这意味着要利用他的钱和地位参与到当时的那些重大事务中。 [222]

历史学家阿兰·布林克利(Alan Brinkley)在《时代》杂志中,为纪念鲁斯百年华诞中这样写道:"他最关心的人和事——中国、美国的外交政策,共和党、蒋介石、温斯顿·丘吉尔和温德尔·威尔基①(Wendell Wilkie)。在一些重大时刻他自己尤为热情高涨,会亲自指导强度大到令人窒息的报道。在那些主题上,他那些杂志的偏见令人咋舌,甚至引起争议。"

对富兰克林·罗斯福和他的新政而言,鲁斯没有起到多大的用处,但是在第二次世界大战的那些岁月里,鲁斯对总统却是全心全意支持,那时候罗斯福似乎倾向于帮助盟军壮大力量,想让美国重整装备,亨利·鲁斯将自己整个出版帝国的所有评论力量都集中起来支持租借法案,支持将美国日渐老化的军舰和飞机送到英国。1941 年冬,在一篇著名的文章中,鲁斯在《生活》杂志上争论说,在盟军胜利之后,美国既有义务同时也有机会影响即将到来的全球性灾难的结果,能够带领世界通往自由和秩序。他把这篇文章命名为《美国的世纪》,这是他言简意赅天赋的又一证据。

不论鲁斯曾经对富兰克林·罗斯福是怎样的忠心耿耿,到 1940 年这些都

---

① 温德尔·威尔基,美国政治活动家,曾代表共和党在 1940 年与罗斯福竞选美国总统。——译者注

已经成为过去式。鲁斯不仅在温德尔·威尔基获取共和党总统提名中扮演了关键的角色,为保护自己的投资他还让《财富》的经营编辑帮助威尔基竞选,威尔基绝大多数重要的演说词也是出自鲁斯之手。当威尔基从鲁斯赞赏的全球主义中退缩回来,转而开始对像查尔斯·林德伯格之类的孤立主义者献殷勤[223]时,鲁斯抱怨说他应当"在一场伟大的胜利中,很自豪地直接告诉他们事情的真相"。12年后,他盯上更好的选择并将整个媒体帝国作为他的后盾:德怀特·戴维·艾森豪威尔。到20世纪50年代中期,鲁斯已经是光芒万丈。《时代》每周卖出200万本,《生活》卖出600万本,而新发行的《体育画报》也颇为成功。到1955年,时代公司的年收入超过了2亿美元,而亨利·鲁斯每次到罗马的时候都有一个很舒服的新地方可以住。为向这位出版商表达他的谢意,艾克让克莱尔·布斯·鲁斯成了驻意大利大使。

阿兰·布林克利在《时代》杂志纪念鲁斯百年诞辰的文章中写道,鲁斯仍旧还是恢复到一个牧师儿子的老路上,仍旧寻找精神和情感上的满足——"探索人生是如此费力,以至于有人报道他和克莱尔有时候还曾尝试用过迷幻剂(LSD),据他朋友们形容这东西是让人保持清醒的一个有用的工具"。

五

1990年1月当他们创立的两大帝国合并的时候,亨利·鲁斯和杰克·华纳都早已离世:鲁斯1967年68岁的时候死于心脏病突发,华纳11年前死于中[224]风。他们的两大帝国和他们个人一样风格迥异,回过头来看两大帝国似乎从一开始就朝着导致冲突的方向发展。几个月之内,两家公司却已经整合成你中有我、我中有你。两家公司都抵制电视,但却都被电视的广泛流行所压倒。在华纳看来,电视就是"一个杂种行业"(a bastard industry)。他曾经信誓旦旦地说道,华纳兄弟影业的电影里决不能出现任何电视。但是,这个是在超过2/3的美国人经常看电视之前。现在,时代公司已经成为一个盈利可观的有线电视企业,而华纳也进军了电视、主题公园、零售店甚至还有运动队。如果单打独斗的话,在与其他媒体巨头竞争中,两大公司都有不少麻烦。娱乐行业的新生存法则是尽可能地铺开,同时抢占各个边角市场并往各个方向前进。而合作正是时代华纳做的事情,于是由一位基督教牧师儿子创办的公司,和四位吵吵闹闹的犹太兄弟创立的影视企业联姻到了一起。在 20 世纪 90 年代协同共进驱动的经济中,这样的联合可一点都不显得奇怪。

类似的情形在 1996 年时代华纳以 76 亿美元和泰德·特纳的特纳广播公司合并中再次上演。特纳有内容又有渠道,在有线电视中占有巨额比重,跨度之广从亨利·鲁斯的新闻报道到华纳兄弟的电影制作与播放(时代公司的名字当特纳的妻子"河内简"·方达①〔"Hanoi Jane" Fonda〕联系在一块,作为鹰派的鲁斯该做何感想呢,当然这又是另一回事了)。1999 年,时代华纳宣称和史蒂夫·凯斯(Steve Case)的互联网巨头"美国在线"联姻,让华尔街震动不已,类似的情形再次上演,和之前没有任何不同,仍旧还是内容和渠道的问题——时代华纳和美国在线——然而到世纪末两家公司都已经进入了数字领域。 ［225］

---

① 简·方达在 20 世纪 70 年代以反越战而闻名,并得到"河内简"的称号。——译者注

第十二章

比尔·盖茨和互联网：去物质化的未来

一

几个世纪以来，世界经济力量的中心稳步西移，从文艺复兴时的意大利城邦到西班牙、荷兰——前者靠黄金和白银致富，后者则是依靠香料和股票贸易积攒了财富——再到推动英国产业革命的投资者和资本家们。到了19世纪中叶，财富之舟已经开始越过重洋抵达美国，这里大量的铁路需要开发，同时极为丰富的自然资源也有待转化为私人财富，仿佛世人从未知晓。随着美国市场的急速兴起，美国人对耐用品的需求急速增加，而再也没有哪样耐用品能像私人汽车那样与美国人的伦理道德相匹配了。广告开发了选择的多样性，也成就了能统治市场的像可口可乐这样的品牌；而随着世界日益缩小，整个世界都变成了一个大市场。随着闲暇时间的增多，大众传媒和有闲阶级的兴起，电影幕布和电视荧屏成了那些制片厂和传播媒介的炼金之所。接踵而来的是计算机和因特网，又使所有这一切东西都呈爆炸式激增。

[229]

配备上一个带有因特网浏览器的计算机，每个家庭不仅可以成为一个娱乐中心，同时也可以是一个学习中心、交易中心和交流汇集之所。实体企业的市场价值进一步缩水，而通常业绩惨淡的 dot.com 公司的市盈率却一路飙升，这

170

足以让 17 世纪的荷兰郁金香狂热看上去没那么不正常了,然而市场还是澎湃前进,迎来了一个前所未有的大牛市。旧的法则似乎被撕毁殆尽,财富被去物质化,实体东西变得几乎一文不值,知识产权几乎就是一切,信息变得无所不在。信息时代的巨额财富属于一个财产高达 800 亿美元,来自西雅图的电脑迷,他的名字是威廉·亨利·盖茨三世①。

和亨利·福特的 T 型车类似,比尔·盖茨尽情展现了个人电脑的巨大吸引力,但是和福特不同,盖茨并没有生产计算机。盖茨的才华从未放在硬件上,相反他提供了大脑——软件和操作系统,让硬件忙碌地工作起来。和 J. P. 摩根一样,盖茨也将自己视为是在一片混乱无序中创造出了一个秩序。MS-DOS 和 Windows 视窗不仅仅是操作系统和软件产品,它们成了行业标准,而行业的标准化使得每个参与者都能从中获益——这就是比尔·盖茨最为独特之处。盖茨也深谙品牌之道:每一代 Windows 软件的更迭都用年份记名,都会在一个浮华耀眼的"环球小姐"式高科技盛会举办专场新闻发布会,公开发布。这个新闻发布会似乎在说"不见不散",但是另有一个潜台词却是:别挡住我的道(让开)。事实上,和竞争对手兵戎相见时,盖茨也和约翰·洛克菲勒一样无情;也正如美国政府要分拆洛克菲勒的美孚石油一样,他们也要尽力将盖茨的微软拆卸开来。

[230]

盖茨和他之前的那么多伟大人物相同的另一点是:成就他世界首富的事业别无其他,只是植根于其钢铁意志上的一个伟大想法而已。亨利·福特引入了 5 美元一天的工资制,让工人充满活力,让工会不再成为问题。比尔·盖茨则通过股票期权分享财富激励员工,避免他们到其他软件公司另谋高就。他不是

---

① 在英语中,比尔(Bill)是威廉(William)的昵称。——译者注

第一个使用这个策略的人,但是从来没有人像他那样分享财富。到 20 世纪末,微软内部已经创造了超过两万名百万富翁,这些人从程序员到秘书都有。和那些推进信息时代的其他一些人一起,盖茨在分享财富方面的独特做法一定也将如工业革命那样令整个世界所铭记:他们提供的基础设施惠及了地球上所有地方和所有人。大约千年之前,仅仅只是为了赢取让自身脱离卑微贫困境地的机会,戈德里克要和各式各样稀奇古怪的人斗争。现今,人类历史上第一次,机会如此触手可及。

二

商业巨头创造并控制了一个个行业,他们推动的整合让行业实现最为丰硕的产出——对不同人来说,这些商业成功意味着许多不同的东西。在一些人看来,他们是圣人,许诺着民主的资本主义体系培育了一个天生有才干的精英阶层。其他一些人赞美约翰·戴维森·洛克菲勒的慷慨大方,即便这些人对他们赖以成功的无情无义同样异常反感。而对另外一些人来说,商业巨头就是恶魔的化身,是整个社会系统的所有罪恶所在,他们不仅容忍社会底层和顶层之间巨大的经济不平等,有时甚至似乎还借机大发横财。那些最大的商业巨头则是同时身兼多重角色:作为第一个亿万富翁的亨利·福特,社会改革家的亨利·福特,差一点成为总统的亨利·福特,现代工业秩序缔造者的亨利·福特,法西斯同情者和激烈的反工会者亨利·福特。这个矛盾的列表还可以不停地往下延伸。比尔·盖茨的情况亦复如此。

[231]

从来没有一个人这么富有过。由于比尔·盖茨对他自己的公司如此投入,因而任何一个时间点上他的个人财富与微软的股票价格都密切相关。这意味着,1996 年当公司股票上涨了 88％时,纸面上来算盖茨赚了将近 110 亿美元,或者是每天 3000 万美元。在全盛时期,据说约翰·戴维森·洛克菲勒大约每秒钟赚 2 美元。在他的公司处于最顶峰的时候,盖茨赚钱的速度大约是(洛克菲勒)的 175 倍,大约为每秒 347 美元,或者是每一分钟就可以购买一辆全新的本田雅阁。确实和盖茨的指示保持一致,即微软必须始终在银行中存有足够多的现金,以备在没有任何收入的情况下能够维持运营一年,他的公司鼎盛时期银行中的现金头寸高达 80 亿美金。用自己的钱,盖茨在西雅图郊外的一处可以俯瞰华盛顿湖的断崖之上建造了一座 4 万平方英尺的大宅。仅那圆顶的车库就可以装下 30 辆汽车。这座房子现代化到了极致,同时也是富丽堂皇到了极致——是信息化时代的埃斯科里亚尔宫。

同样异常罕见的是,对许多的人来说,这个人又有如此之多冲突矛盾的方面。朋友和同事们,喜欢用计算机精英们的语言盛赞盖茨的"并行处理"能力、"无限的带宽"和"多重任务"处理的能力。他们说到,在华盛顿雷德蒙德不规则的微软总部办公室,他同时在两台电脑前面工作:一台电脑处理网络上的数据信息,另一台处理成百上千的邮件信息,盖茨借此与他自己的雇员和世界保持联系。他们说,他的心灵拥有许多最好的计算机才具备的问题解决能力,可以很熟练地把海量的输入转化为规整的答案。至少有一部分,盖茨和以上这些说法是一致的。

[232]

盖茨曾告诉《时代》杂志的沃尔特·艾萨克森(Walter Isaacson):

> 我并不认为人类的智识有任何独特之处。人脑中形成观感和情感的神经元就是按照二进制运行的。总有一天我们可以在机器上复制实现。最终,我们将能够将人类基因组排序,复制基于碳系统的自然智能……这类似于,为了解决一个挑战,可以将其他人的产品进行反向工程研究。

在微软的前执行总裁史蒂夫·鲍莫尔(Steve Ballmer)——此君曾是盖茨哈佛的同班同学(他毕业了,盖茨没毕业),1980年盖茨将他从宝洁挖过来——看来,盖茨著名的好争辩风格也有其积极的一面:

> 冲突可以成为一个好事情。这和宝洁的差异极为明显。在那里,彬彬有礼备受重视。比尔很明白为了使得我们能够尽快进入某个议题的核心内容,抛开这种温文尔雅是多么的重要。他喜欢任何人的挑战,甚至初来乍到的雇员也可如此;而你也清楚当他大声回复时实际上他还是尊重你的。

就盖茨更加温柔不那么二进制的一面来说,支持者们提到了他的慈善事业,以及他与和科技不大沾边的亿万富豪沃伦·巴菲特之间的深厚友谊,盖茨正是超越了巴菲特而成为美国最富有的人。和安德鲁·卡耐基一样,盖茨同样表达了有生之年剩下的大部分时间都将用于分散财富的愿望,这个过程其实已经在展开了。通过盖茨父亲运营的一个基金,盖茨和他的妻子梅林达(Melinda)已经捐出了几十亿美元,绝大部分用于资助教育、图书馆和公共卫生。1999年,比尔和梅林达·盖茨基金会在可预防疾病方面捐助了9.5亿美元,另有10亿美元资助了盖茨千年学者计划,保障弱势群体能够获得高等教育。盖茨和年长25岁的巴菲特之间的许多共同兴趣之一是对各式各样的游戏都异常喜欢,并对这些游戏保持马拉松式的耐力且乐此不疲。第一次这两大美国最有钱的人在巴菲特旧金山的家会面时,他们玩桥牌玩了整整9个小时。

[233]

就比尔·盖茨来说,以上这些温和的评价从来就无须做一些反面的平衡。20世纪90年代的大部分时间里,盖茨和微软饱受司法的侵扰。作为联邦贸易委员会旷日持久、事无巨细调查的自然延伸,司法部启动了反托拉斯诉讼,最终导致大法官托马斯·彭菲尔德·杰克逊(Thomas Penfield Jackson)做出分拆微软公司的裁决。而与针对盖茨的口诛笔伐相比,这些法律上的困扰却又显得温和了许多。

微软的一个前执行总监——罗伯·格雷斯(Rob Glaser),离开微软后开了一家因特网声音系统的公司——RealAudio,他称他的前老板为"达尔文主义者,他不是在找寻胜利——和别人相争中获胜,而是想方设法让对方失败。成功被定义为摆平竞争,而非是创造卓越"。归功于盖茨热爱争辩的风格,格雷斯接着说道,微软的"氛围有点像马基雅维利式的扑克游戏,其中你会隐瞒一些事情,即便它可能会冷不及防地伤害到你可能要一块工作的人"。

其他人可能会喜欢硅谷律师加里·吕贝克(Gary Reback)所宣称的,即微软使用"既有的垄断势力阻止新技术的推广应用"。这个指控是另一个长久以来牢骚抱怨的自然推演,那些处于最前沿的高科技公司及其支持者宣称:盖茨和他的公司只是演进式的增长前进而非变革或革命式的推进。类似的抱怨对这些商业巨头们来说较为普遍,从科西莫·德·美第奇到亨利·福特皆是如此。正如科西莫没有发明银行一样,福特也不是汽油动力汽车的发明者;相反,他们的财富都是源于把这些工作做得更好。但是,在数字领域,一个所有东西都必须是全新的年代,这样的指控就得到了不少人的共鸣。[234]

盖茨的那些直接竞争对手们,似乎以一种幸灾乐祸的心态攻击盖茨个人、他的产品以及他的公司。博朗的 CEO(执行总裁)菲利普·卡恩(Philippe Kahn)曾经将微软比作阿道夫·希特勒统治下的德国,彼时他又将微软的视窗系统比作是艾滋病(AIDS)。莲花软件公司(Lotus)的创始人米奇·凯普(Mitch Kapor)环顾了软件行业的发展格局,并宣称微软的绝对统治让软件行业成为"死气沉沉的王国(the kindom of the dead)"。在盖茨的许多同业竞争对手中,甲骨文公司(Oracle)的执行总裁(CEO)拉里·埃里森(Ellison)或许是对抗性最强的一员。正当司法部在对微软公司采取措施的时候,1998年5月埃里森在哈佛的一个计算机会议上说到,微软公司的商业行为"公然违法……比约翰·戴维森·洛克菲勒干的任何事情都要更加露骨和无耻",他同时还谴责盖茨在微软的发明记录上"说谎"。另外,甲骨文公司还雇用了一家华盛顿的侦探机构——国际调查集团(Investigative Group International),逐一翻检微软公司丢弃的垃圾,尽其所能挖掘竞争对手的丑闻。

在互联网世界里,事情只能变得更糟。进入新千年的短短半年之内,你可以在一个微软操作系统和微软的互联网浏览器上找到如下一些名字的网站:抵制微软(Boycott Microsoft),打倒比尔·盖茨(Punch Bill Gates),仇恨微软之页(the Microsoft Hate Page),抵制微软联盟(Microsoft Boycott Campaign),我恨比尔·盖茨.com(IHateBillGates.com),以及比尔·盖茨的个人财富时钟,基于盖茨1995年在微软公司所持有的141159990股的股票资产,并依据1996年、1998年和1999年的历次分割调整,跟踪了盖茨每秒的总资产价值变动情况。比如美国东部时间2000年12月15日13点45分47秒,微软的股票价格是48.875美元,财富时钟显示比尔·盖茨的总资产价值是551.936亿美元,或折算为每个活着的美国人199738美元。为了防止人们忽视了网站所要表达的重点,时钟正下方还写了一句古老的爱尔兰谚语:"你要是想知道上帝是如何看待钱的,就看看他给钱的那些人。"

三

一个软件行业竞争者对真实的比尔·盖茨的描述或许最为贴切,这个人也形容自己是微软共同创办人的朋友。这个人说到,盖茨是"一部分的艾尔伯特·爱因斯坦加一部分的约翰·麦肯罗和一部分的巴顿将军"——一部分是科学天才,一部分是坏脾气的天才少年,剩下的一部分是战术策略天才。另外,这个人可能也可以拉上托马斯·爱迪生,另一种类型的天才,但同时又是一个极为成功的企业家,懂得如何将技术创新转换为销售业绩。

出生于西雅图的富人家庭——盖茨的父亲是一个颇有声望的律师,母亲是《华盛顿邮报》社论版常任编辑梅格·格林菲尔德(Meg Greefield)的儿时旧友——盖茨就读的是既有现代气息又享有学术盛名的湖滨中学。正是在那里,他和他的朋友保罗·艾伦第一次接触了计算机,他们用在妈妈俱乐部卖曲奇饼干赚的钱,购买了一台老掉牙的学校终端。到了 1968 年,这两个八年级的孩子已经学会了 BASIC 计算机语言,并编出了他们的第一个程序。不久,他们利用晚上的时间又给西雅图的一家公司调试计算机。到了十年级,盖茨帮湖滨中学写了一个专门用来排课程表的程序。大约同一时间,保罗·艾伦和他们的第三个朋友——肯特·埃文斯(Kent Evans)也有了稳定的工作,他们帮当地的一家公司写了一个薪酬系统,并帮西雅图市做交通数据的分析与绘图(埃文斯可能是盖茨那时最好的朋友,在他们三个人还没有高中毕业时,他在一次爬山中出了意外)。

1973 年从湖滨中学毕业之后,盖茨进入哈佛读书,艾伦则到霍尼韦尔公司工作。两年后的 1975 年 1 月,触发微软神话概念的事件终于出现。故事是这样发展的,为了离他的计算机挚友近一些,艾伦这时已经来到美国东海岸,他拿起一期新的《大众电子学》(*Popular Electronics*)杂志,冲着盖茨大叫道:"是时候开始了!"激发艾伦灵感的是封面上由 MITS(Micro Instrumentation and Telemetry Systems,微型仪器设备和遥测系统公司)制造的牛郎星 8800(Altair

[236]

177

8800)模型。虽然本质上还非常原始而且时常没法工作,但是这个牛郎星袖珍计算机正是第一台个人电脑。盖茨和艾伦立马开始为牛郎星写出了一个 BASIC 语言程序,当年的 2 月 1 号那天,他们把它卖给了他们的第一个客户 MITS。由此,比尔·盖茨成了哈佛大学最著名的退学生,他和艾伦在新墨西哥州的阿尔布开克市——MITS 的总部——开了一家店,微软由此诞生。微软这个概念很快就出现在世人面前。

Mirco-soft 是微软公司最初的拼写。1975 年拥有三个雇员,当年的营运收入为 16005 美元,但是当时盖茨和艾伦已经很好地解决了成就他们公司异乎寻常成功的那个基本问题,即他们应当从事哪一部分的计算机事业。20 世纪 80 年代初患了一场霍奇金病之后离开公司的艾伦,此后成了一个风险投资商,并拥有了一个运动队,也是一个摇滚乐博物馆的共同创建人之一,他当时偏好软件和硬件共同发展。而盖茨只想做软件,幸运的是,作为微软的最终持股人,他的意见胜出了。

"当每两年微处理器的处理能力都翻一番时,某种意义上你就可以认为计算能力几乎就是免费的",盖茨告诉《花花公子》杂志提及那次分裂事件的采访者。"于是你就要问,我们的事业中为什么要去生产那些几乎免费的东西?哪些才是稀缺的资源?是什么东西限制了我们从无限的计算能力中获取价值的?软件。看待这个事情的另一种方式是,相比硬件我在软件上懂得更多一些,因而我就坚持做我比较懂的东西——而这刚好就是重要的东西。"

[237]

到了 1980 年,微软搬到了华盛顿州,拥有了 40 个雇员,年收入为 750 万美元。1981 年底微软公司的员工人数增加了 3 倍,收入翻了一番多。这期间发生的事情和 IBM 有关。这个计算机巨人打来电话提出了一个要求:微软是否愿意为 IBM 的第一台个人计算机开发一个新语言和操作系统?1981 年 8 月

12 日，IBM 大张旗鼓地推介了自己的个人计算机。当时，几乎没有人注意到这台个人电脑里面的 16 位（16-bit）大脑——微软的磁盘操作系统，或缩写为 MS-DOS，也没有人注意到如下事实，盖茨迫使这个行业巨头给予微软独家授权发布 MS-DOS 的权利。对盖茨和微软来说，火车已经开始轰然离站而去。

"我们要确保只有我们能够授权发布 MS-DOS"，盖茨说道："和他们的这项交易价格极低，我们只是希望这有利于推广 MS-DOS……我们知道好的 IBM 产品经常被克隆模仿，因而，就无须内行的科学家们去弄清楚最终我们应当如何将 DOS 授权给其他人。我们深知我们要想在 DOS 赚个盆满钵满，这些盈利只能来源于那些兼容商，而不是 IBM。"

微软确实赚了个盆满钵满。承蒙 IBM 无法掌控属于自己操作系统的帮助，20 世纪 80 年代盖茨和他的公司打赢了个人计算机的操作系统之战，接着他们的注意力转向展览我们熟知的"办公套件"：文字处理、表格和演示组合。每一次新的征服都让 MS-DOS 进一步根深蒂固，再后来 MS-DOS 的继任者 Windows 就成了行业标准了。对微软来说，同样令人欣喜的是，即便操作系统 [238] 没有卖出去，他们一样可以赚到钱。根据一个协定，所有从 IBM 个人计算机复制和克隆的生产商，都必须在每组装一台电脑时给微软支付一笔版税，而不论该机器是否安装 MS-DOS。这个协定又被盖茨的批评者们讥讽为"计算机税"。

到了 20 世纪 80 年代中期，微软的市场领导地位开始产生极为可观的收益。1985 年的收入站上了 1.4 亿美元，接近公司操作系统刚上市时的九倍之多。第二年，1986 年 3 月 13 日，微软公司公开上市股价为 21 美元，而当天交易日收盘时就上涨到 28 美元（14 年之后，当时的这些原始股，经多次股票分割调整之后，大概值 10000 美元）。当然，这些才仅仅是开始。

计算机领域的第二项革命由鲍勃·卡恩（Bob Kahn）、温特·瑟夫（Vint

Cerf)和其他一些人领衔,早在 20 世纪 60 年代就已经开始,最早源于国防部高级研究计划署(Advanced Research Projects Agency)所授权开展的一项名为阿帕网(Arpanet)的网络实验。随着阿帕网演变为因特网,世界的数字互联进程开始启动,也由此产生了诸多新兴的经济机会。为了确保进入互联网世界的计算机用户使用微软的产品,微软公司发布了它自己的浏览器软件,取名为 MS 因特网浏览器。微软有足够的现金储备以应对奢侈支出,同时又有杀手的竞争本能不断吸干竞争对手们的底线。为了确保自己的浏览器不远离基本的操作系统,广大用户又不背离,微软公司将因特网浏览器和视窗系统捆绑起来,并于 1995 年中发布了全服务的因特网门户 MSN——Microsoft Network(微软网络)。在发布最初的三个月内,MSN 注册用户数就已经超过 50 万人。于是,当时最流行的个人电脑操作软件就成了最为流行的网络浏览软件了。微软及时地在所有的互联网和内部局域网上面不停地扩散传播,进军诸如多媒体、在线杂志出版、网络电视等任何一个胃口无限和年收入将近 150 亿美元公司能够想象到的经营领域。

[239]

正如 90 年前美孚石油的例子,司法部和法院似乎都无法让盖茨的公司缓步下来,即便政府似乎已经赢得了诉讼。1999 年 2 月,一个互联网信息搜集商——StatMarket 的报告显示,全世界将近 65% 的网络冲浪者都在使用微软的因特网浏览器。到了 2000 年 6 月,在大法官杰克逊在一个反垄断案子中对微软做出了不利的裁决之后,全世界有超过 86% 的互联网冲浪在用因特网浏览器——在不到 16 个月的时间里增长了 32%,引人注目的是这期间微软正遭受无休止的司法侵扰。再者,StatMarket 还发现,全世界 93% 的人上网冲浪使用的都是微软授权的视窗操作系统产品。

更喜欢将自己定义为一个技术专家而非商人的比尔·盖茨,成了全世界最受人仰慕同时又是最被鄙视的人之一，同时也是最富有的公民。

四

最高法院强令分拆美孚石油，反而使约翰·戴维森·洛克菲勒的财富在短短的两年之内翻了 3 倍临近 10 亿美元，当时他正好 70 岁出头。45 岁时，亨利·福特卖出了第一辆 T 型车，而到了 60 多岁他才成为世界上第一个亿万富翁。而到 43 岁，比尔·盖茨已经是一个资产超过他们将近 80 多倍的亿万富翁了。

数字时代，加速的绝不仅仅是信息的传播速度。财富的累积速度、产品占领市场的速度、新思想转换为金鸡下蛋的速度，也都在迅速加快。广播用了 20 年发展了 1000 万的听众，电视用了一半时间——10 年，网景（Netscape）公司只用 28 个月就达到了 1000 万的用户，而 Hotmail 只用了 1/4 的时间——7 个月。 [240]

根据《计算机行业年鉴》（*Computer Industry Almanac*）的统计，进入新千年的第一年，全世界使用互联网的人预期将达到 3.5 亿人。到 2005 年底，全世界连上互联网的人预期将达到 7.65 亿。随着用户人数的增长，数字财富将继续扩散。在 21 世纪之初，43％的因特网使用者是美国人，而到 2005 年这个数字将降到 28％。也就在一夜之间，澳大利亚、芬兰、苏联横跨的 11 个时区、新德里、马达加斯加、罗马和纽约市，都一下子在互联网上登录可达了。网页建了起来——真就是一张网：任何地方点击都将和整个网联系在一块。随着互联网呈指数般扩展，机会也随着铺展开来。微软、美国在线（AOL）、麦金塔（Macintosh）、莲花（Lotus）、网景、比尔·盖茨、史蒂夫·凯斯（Steve Case）、史蒂夫·

乔布斯（Steve Jobs）、温特·瑟夫、鲍勃·卡恩，成百上千的人们在推动一个前所未有的机会创造机器中扮演了各自的角色，这个机器把改善经济生活的机会扩展到原本几乎无法想象的地方。

千百年来，小山村天米赛（Tan Mixay 读作 taan meesay）的妇女们都过着简简单单、几乎和外面世界完全隔绝的生活。她们纺丝并将其织成极为复杂的图案代代相传。她们的国家老挝，是地球上最落后的国家之一，饱受几十年战争和革命之火的肆虐。对那里生活的绝大多数人而言，"市场"对他们的父母、祖父母和几个世纪以来的祖祖辈辈来说都是一个意思：当地的产品在镇上的广[241]场上进行买卖。就像世世代代以来，捕鱼和耕种一直是他们国家贫瘠的土地上可供改善生活的主要方式。为了看清楚互相联系的新世界是如何创造了机会，那么看一下在这之前几乎不可能与世界连接的三个妇女的例子将有所助益：米莎（Me Tha）、维维安·维（Vivian Wee）和尼康尼·那农（Nikone Nanong）。她们其中的任何一个人当然都不可能变成比尔·盖茨，但是她们的变化却真是天翻地覆。

孩提时代开始，米莎像她母亲和祖母从前一样也是织着丝，然后到天米赛进行买卖交易，但是不久以后她的丝绸就可以在因特网上卖了。无须待在家，维维安·维可以周游世界帮助像老挝那样偏远落后国家的商业人士使用电子商务和万维网，因而他们可以参与全球竞争，受惠于全世界商品的多样需要。尼康尼·那农处于她们两个之间，一半是中间掮客，一半是协助者。出生于一个典型的老挝家庭，女孩子按照预期都要学纺织作为婚姻技能的一部分，然而和戈德里克及众多的企业家前辈们类似，尼康尼渴望做得比纺织要多得多。1992 年，利用 1000 美元的启动资本和 6 台纺织机，她在老挝首都万象成立了尼康尼手工艺中心。到了新世纪，她那 6 台纺织机已经发展成为一个雇佣 150

个老挝全国各地妇女的企业。她们中的一些人在手工艺中心工作，其他的和米莎一样留在自己的村庄，这样她们能够照顾到自己的小孩。她们在哪里纺织已经无关紧要了，因为通过尼康尼的网站，所有的妇女都连上了同一个世界市场，她们在上面出售自己的技艺。随着互联网新链接的增加，这个市场也稳步扩展，而随着市场的扩张，潜在的利润随之呈指数化递增（"网络的价值以用户数的平方增长"，正如以太网的创始人鲍勃·梅特卡夫〔Bob Metcalf〕所说的）。

尼康尼的因特网站（www. aworldforall. com）是由 A World for All 经营的，A World for All 是一个致力于改善贫困地区社区生活水平的非营利组织。这个网站上有来自柬埔寨、泰国、越南的技工们，同时还包括像尼康尼那样的老挝纺织工。绝大多数商品都是纺织品，从简单的枕头套到华丽的围巾。绝大多数物品的售价大约都为 50 美金，只有少数几个的价格超过 200 美元。这个网站本身没多少特色，就是许多互联网贸易站点的普通一员。在数以万亿计的全球互联网经济中，aworldforall. com 产生的贸易甚至还比不上沧海一粟，但却是极为重要的一粒。通过这个网站，世界上最为边远经济体中的手工艺者，可以和全世界任何一个角落的纺织工和纺织企业家们展开竞争。像老挝这样一个 1999 年人均收入大约为 1300 美元的国家，一丁点的电子商务销售，就可以给这些手工艺匠人和他们的家庭及他们社区的生活水平带来极大的改善。

"世界上有多少人会去老挝呢？"维维安·维问道。"又有多少人会坐在一个乡村的纺织工旁边看她是如何纺织的？ 相比点击访问尼康尼网站的人而言，这样做的人一定少之又少。"

"我们如此偏远，"尼康尼补充道，"我从没有想过能到因特网上。"然而，现在和全世界接触之后，还让她有了另一项优势，她说："我可以说服我的员工：'你们必须努力工作，必须为你们自己的产品负责，因为现在这一切都在网

[242]

上了。'"

16 世纪和 17 世纪的荷兰人因贸易中心而变得富有,在那里从北非、地中海地区和远东花大价钱买到的稀罕事物开始向欧洲市场进军。500 多年前,戈德里克也大致靠类似的方法积攒了财富,但是他所冒的风险却大得多。商业力量的信仰无法磨灭。但是,今天所有戈德里克和荷兰东印度贸易商们做的事情,互联网在眨眼间就可以做到。世界各地的商品全世界的购买者都买得到,一天 24 小时通过各种各样的交换方式:议价、叫价、拍价、掉期交易。

美第奇家族由于金融融通致富。在 15 世纪的欧洲,如果你要一笔巨额贷款,资助军队或支持教皇,那到佛罗伦萨或欧洲大陆上美第奇银行的分支机构是明智的做法。如果贷款额度较小或需求较为急迫,那么 banchi di pegni——典当铺——和 banchi in mercado 就比较合适,这些都是现代社区银行的先驱。无论你在哪里、与哪一家做生意,交易的肯定都是由贵金属支撑的货币:一枚佛罗伦萨的弗罗林金币一直都是内含 3.52 克的 24K 黄金。

今天,通过因特网,股票、债券、抵押贷款和共同基金都可以在线买卖交易,货币交易成了全世界最大的市场。鼠标一点金钱在全世界纵横交错地流动,而背后却没有任何东西支撑。大约也就在 100 年前,美钞也必须要以一定美元价值的金或者银作为支撑基础。今天,货币本质上就是在电缆中穿梭由卫星反射传播的电子信号:世界上再没有货币是由除了纯正的信仰以外的任何东西在支撑。

马修·博尔顿和詹姆斯·瓦特的工作大大缩小了蒸汽机的大小,与此同时性能得到了极大的提升,但是他们并没有将其去物质化。为了使用博尔顿和瓦特的机器,你还是要将其安装在某个地方。亨利·福特和约翰·戴维森·洛克菲勒同样都需要巨大的有形基础设施以支持他们的财富创造。现今,因特网为许多像尼康尼手工业中心这样的生意，同时提供了动力源和大规模的基础设施，成本极为低廉。互联网不仅只是一个信息的高速公路，同时也像颇有影响力的 EDventure Holdings 公司执行总裁埃丝特·戴森（Esther Dyson）所说的那样，是"信息自行车"——是一种延展个人自由的基础设施，可以让企业家们随心所欲地按照某种可行的方式做自己想做的事情，可以通过电子商务卖喜姆娃娃①，或者也可以像你祖祖辈辈那样织出丝绸但是却卖到无限广大且前景更好的市场。 [244]

上一个千年里，控制权创造了财富：控制的内容包括海洋、铁路、高速公路和广播频道。新千年开始之际，控制权仍旧是新的财富机器，只不过这次控制的是互联网世界。有些事情亘古未变，但是这次却是有了巨大的不同：这条通往财富之路向所有人敞开。 [245]

---

① Hummel figurines，德国著名手工艺品。——译者注

主要参考资料

第一章

On-air interviews：Joe Lennox，Jack Weatherford

Buechner，Frederick. *Godric*. New York：Harper Collins，1980.

Coulton，G. G.，ed. *Social Life in Britain from the Conquest to the Reformation*. Cambridge：Cambridge University Press，1918.

Elson，John. "The Millennium of Discovery." *Time*(October 15,1992)：16 ff.

Kaye，Joel. *Economy and Nature in the Fourteenth Century*. Cambridge：Cambridge University Press，1998.

McDonald，John. "Domesday Economy." *National Institute Economic Review* (April 1,2000)：105 ff.

Pirenne，Henri. *Medieval Cities：The Origins and the Revival of Trade*. Princeton University Press，1925.

第二章

On-air interviews：John Steele Gordon，Joel Kaye，Dale Kent，Jack Weatherford

Brucker，Gene. *Renaissance Florence*. Berkeley and Los Angeles：University of California Press，1969.

Calkins，Hugh. "Can Florence in the Quatrocentro Help Shape Tax Policy Today?" *The Tax Lawyer*(Spring 1991)：685 ff.

de Roover, Raymond. *The Rise and Decline of the Medici Bank*. 1999.

Green, Timothy. "From a Pawnshop to Patron of the Arts in Five Centuries." *Smithsonian* (July 1991): 58 ff.

Hale, J. R. *Florence and the Medici*. Thames and Hudson, 1977.

Hibbert, Christopher. *The House of Medici: Its Rise and Fall*. Morrow, Quill, 1974.

Jardine, Lisa. *Worldly Goods*. Bantam Doubleday Dell, 1996.

Kent, Dale. *The Rise of the Medici*. Oxford: Oxford University Press, 1978.

Le Goff, Jacques. *Your Money or Your Life: Economy and Religion in the Middle Ages*. Cambridge: MIT Press, 1990.

Weatherford, J. Mclver. *The History of Money*. New York: Crown, 1997.

第三章

On-air interviews: John Steele Gordon, David Landes

Dash, Mike. *Tulipmania*. Crown Publishers, 1999.

Kamen, Henry. *Philip of Spain*. New Haven, CT: Yale University Press, 1997.

Landes, David S. *The Wealth and Poverty of Nations*. New York: W. W. Norton, 1998.

Martin, Colin, and Geoffrey Parker. *The Spanish Armada*. New York: W. W. Norton, 1992.

Perez-Diaz, Victor. "State and Public Sphere in Spain During the Ancient Regime." *Daedalus* (June 22. 1998): 251 ff.

Rocca, Francis X. "Philip of Spain." *Atlantic Monthly* (August 1997): 85 ff.

第四章

On-air interviews: Edward Chancellor, John Steele Gordon, David

Landes.

Chancellor, Edward, D*evil Take the Hindmost*. New York: Farrar, Straus and Giroux, 1999.

Dash, Mike. *Tulipmania*, Crown Publishers, 1999.

Garber, Peter. "Who Put the Mania in Tulipmania?" *The Journal of Portfolio Management* (Fall 1989): 53 ff.

Gordon, John Steele. *The Great Game*. New York: Simon & Schuster, 1999.

Landes, David S. *The wealth and Poverty of Nations*. New York: W. W. Norton, 1998.

Rigby, Rhymer. "The True Story of Flower Power."*Management Today*(June 1997): 94 ff.

Schama,Simon. *The Embarrassment of Riches*, Zane, 1987.

第五章

On-air interviews: Jim Andrews, John Steele Gordon, David Landes, Jennifer Tann.

Arnot, Chris. "The Master Bauble-Maker."*The Guardian*(October 14, 1995):T66.

Crowther,J. G. *Scientists of the Industrial Revolution.*

Dickinson. H. W. *Matthetw Boulton*. Cambridge: Cambridge University Press,1936.

Landes, David S. *The Wealth and poverty of Nations*. New York: W. W. Norton. 1998.

Lord, John, *Capital and Steam power*. 1923.

Powell,John. "The Birmingham Coiners, 1770 — 1816." *History Today* (July 1993):49 ff.

Rocco,Fiametta. "Keeping the Flame."*Institutional Investor* (December 1988):31 ff.

Tann,Jennifer. *The Selected Papers of Boulton and Watt* (Vol. 1). Cambridge：MIT Press，1981.

　Webb，Robert N. *James Watt：Inventor of a Steam Engine*. Franklin Watts，1970.

第六章

On-air interviews：Stephen Ambrose，David Bain，Maury Klein.

　Ambrose，Stephen. *Nothing Like It in the World*. New York：Simon & Schuster，2000.

　Bain，David. *Empire Express*. New York：Viking Penguin, 1999.

　——. Interview. "Booknotes."C-Span by Brian Lamb，March 5，2000.

　Klein，Maury. *Union Pacific*. New York：Doubleday, 1987.

　Lewis，Oscar. *The Big Four*. New York：Alfred A. Knopf，1959.

　New York Times. May 11，1869.

　Washington Evening Star. May 10，1869.

第七章

On-air interviews：Ron Chernow，John Steele Gordon，Jean Strouse.

　"The Centennial Exposition." *The Manufacturer and Builder*（July 1876）：148 ff.

　Chernow，Ron. *Death of the Banker*. New York：Vintage Books，1997.

　——. *The House of Morgan*. New York：Grove/Atlantic，1990

　Dos Passos，John. *U. S. A*. New York：Harcourt. Bracc and Company，1930.

　New York Times. April 1，1913.

　Strouse，Jean. Interview by Brian Lamb. "Booknotes." C-Span，May23，1999.

　——. *Morgan*. New York：Random House. 1999.

第八章

On-air interviews：Ron Chernow. John Steele Gordon.

Chernow，Ron，*Titan*. New York：Random House，1998.

——. Interview by Brian Lamb. "Booknotes. "C-Span，June 21，1998.

Parker，Richard. "Mr. Big. "*Los Angeles Times Book Review*（May31，1998）：12.

Useem，Jerry，"Entrepreneur of the Century. "*Inc.*（May 1999）：158 ff.

第九章

On-air interviews：David Lewis，Steven Watts.

Colbert，David，ed. *Eyewitness to America*. New York：Pantheon Books，1997.

Foster，Bellamy. "The Fetish of Fordism."*Monthly Review*（March 1988）：14 ff.

Lewis，David. *Management of Non-Governmental Organizations*. New York：Routledge，2000.

第十章

On-air interviews：Frederick Allen，John Steele Gordon.

Allen，Frederick. *Secret Formula*. Collingdale，PA：DIANE Publishing，1999.

New York Times. March 9，1985.

Pendergrast，Mark. *For God，Country and Coca-Cola*. New York：Basic Books，1993.

第十一章

On-air interviews：Alan Brinkley，Neal Gabler，Henry Grunwald.

Brinkley, Alan. "To See and Know Everything."*Time*(March 9, 1998): 90.

Gabler, Neal. "Behind the Scenes at Warner Brothers."*Los Angeles Times Magazine*(July 31,1988): 17 ff.

——. *An Empire of Their Own*. New York: Crown, 1988.

——. *Life the Movie*. New York: Alfred A. Knopf, 1998.

Hift, Fred. "Hollywood Be Thy Name."*Video Age International*(May 1994): 12 ff.

Sperling, Cass Warner and Cork Milner. *Hollywood Be Thy Name*. Lexington, KY: The University Press of Kentucky, 1998.

第十二章

On-air interviews: Esther Dyson, John Steele Gordon, Nikone Nanong, Jean Strouse, Jack Weatherford, Vivian Wee.

Dyson, Esther. *Release 2 . 1* . New York: Broadway Books, 1997.

Gates, Bill. "Playboy Interview."Interview by David Rensin, *Playboy* (July 1994): 55 ff.

——. *The Road Ahead*. New York: Viking Penguin, 1995.

Isaacson, Walter. "In Search of the Real Bill Gates. " *Time*(January 13, 1997): 44 ff.

"Timelines. " Microsoft Museum. www. microsoft. com.

其他综合性参考资料

American National Biography. New York: Oxford University Press, 1999.

Dictionary of Scientific Biography. New York: Charles Scribner's Sons, 1970.

Encyclopedia Britannica. Chicago: Encyclopedia Britannica, Inc. , 1969.

Encyclopedia of the Middle Ages . New York: Facts on File, 1995.

Encyclopedia of the Renaissance. New York: Charles Scribner's

Sons，1999.

    Historical Abstracts of the United States．Washington，D. C.：U. S. Department of Commerce，Bureau of the Census，1975.

    Smith，George David and Frederick Dalzell，eds. *Wisdom from the Robber Barons*．Cambridge，MA：Perseus Publishing. 2000.

索 引

（条目后的数字是原书页码，见本书边码）

致　谢

　　感谢每一位负责《金钱与权力》这部纪录片或是负责此书相关工作的人，单是这方面的感激就足够写满好几页。而对那些促使这本由纪录片而生的书问世的人们，这更多的感激之情，也都只能在这短短的文字之间略作言表。

　　首先，我要对戴维·格鲁宾制作公司，对制作人艾德·格雷和尼克·戴维斯，以及他们的助手阿曼达·波拉克、安妮·王、阿列克斯·迪昂表示深深的感谢。感谢他们拍摄了如此宏伟的纪录片，而这部纪录片是我编写此书的基础。我尤其想谢谢戴维·格鲁宾，他不仅仅给了我很多建议，并且为我编著此书提供了极好的脚本。还要谢谢莱斯利·诺曼给予我的所有帮助。

　　特别感谢CNBC，它不但播出了《金钱与权力》，还以大大小小的各种方式帮助我来塑造我的思维和语言。特别是比尔·博尔斯特和布鲁诺·科恩，他们帮我树立了创作理念，让这本书的问世成为可能。我还想谢谢查尔斯·麦克拉兰和安德鲁·达罗对于该纪录片的全力支持以及在创作此书过程中各方面的参与和投入，也谢谢卡琳·安纳斯对本书原稿的评阅。

　　所有那些从繁忙的日程中抽出时间，在摄像机前或是在本书中传授他们的智慧和知识以及远见的人们也都功不可没。他们是：弗雷德里克·阿伦，史蒂芬·安布罗斯，吉姆·安德鲁斯，戴维·贝恩，阿兰·布兰克列，爱德华·钱思乐，荣·切尔诺，艾瑟·戴森，尼尔·高布乐，约翰·斯蒂尔·戈登，亨利·格伦